Ekkehard Müller

100 Gemüse-
spezialitäten
für Garten und Küche

LEOPOLD STOCKER VERLAG

GRAZ – STUTTGART

28.08.2008

Umschlaggestaltung: Atelier Geyer, Graz
Umschlagfoto: Atelier Geyer, Graz
Die Fotos im Textteil wurden dem Verlag freundlicherweise vom Autor zur Verfügung gestellt.

Hinweis:
Dieses Buch wurde auf chlorfrei gebleichtem, unter den Richtlinien von ISO 9001 hergestelltem Papier gedruckt.
Die zum Schutz vor Verschmutzung verwendete Einschweißfolie ist aus Polyethylen chlor- und schwefelfrei hergestellt. Diese umweltfreundliche Folie verhält sich grundwasserneutral, ist voll recyclingfähig und verbrennt in Müllverbrennungsanlagen völlig ungiftig.

ISBN 3-7020-0803-9
Gesamtherstellung: Druckerei Theiss GmbH, A-9400 Wolfsberg

INHALT

Einleitung 7

Kohlgemüse 9

    Brokkoli 9
    Bunter Blumenkohl (Karfiol) 10
    Grünkohl 11
    Pak-Choi 14
    Riesenkohl 15
    Palmkohl 15
    Romanesco 15
    Tat Soi 16
    Winterblumenkohl 16

Salatgemüse 18

    Kopfsalat 18
    Eissalat 18
    Bataviasalat 19
    Eichenblattsalat 20
    Lollo-Salat 22
    Römischer Salat 22
    Spargelsalat 23
    Zuckerhutsalat 24
    Radicchio 26
    Chichorée 27
    Rote Kopfsalate 29

Blattgemüse 30

    Barbarakraut 30
    Brunnenkresse 30
    Kapuzinerbart 32
    Kapuzinerkresse 32
    Löffelkraut 34
    Löwenzahn 35
    Namenia 36
    Portulak 37
    Rukula 39
    Winterportulak 39

Spinatgemüse 42

Amaranth 42
Brennessel 42
Erdbeerspinat 44
Gartenmelde 46
Garten-Sauerampfer 47
Guter Heinrich 48
Malabarspinat 50
Mangold 50
Neuseeländer Spinat 52
Reisspinat 54
Speise-Chrysantheme 54

Stielgemüse 56

Bleichsellerie 56
Cardy 57
Knollenfenchel 58
Meerkohl 59
Schnittsellerie 61

Wurzel- und Knollengemüse 63

Erdmandel 63
Ingwer 63
Gewürz-Meerkohl 65
Goldwurzel 66
Haferwurzel 66
Kerbelrübe 67
Knollen-Sauerklee 68
Knollenziest 70
Meerrettich (Kren) 70
Nachtkerze 72
Pastinak 73
Rapunzel-Glockenblume 74
Süßkartoffel 75
Taro 76
Teltower Rübchen 78
Topinambur 79
Zuckerwurzel 81

Zwiebelgewächse 83

Bärlauch 83
Chinesischer Schnittlauch 84
Gemüsezwiebel 85
Knoblauchsprosse 86
Winterheckenzwiebel 87
Wintersteckzwiebel 89
Schalotte 90

Hülsenfrüchte 91

Adzukibohne 91
Erdnuß 91
Erdbirne 92
Flügelbohne 94
Flügelerbse 94
Käferbohne 95
Kuhbohne 97
Limabohne 97
Linse 98
Mungbohne 100
Puffbohne 101
Rote Indianerbohne 102
Sojabohne 103
Spargelbohne 104
Zuckererbse 106

Fruchtgemüse 108

Bittergurke 108
Eierfrucht 108
Erdkirsche 111
Huckleberry 112
Kirschtomate 114
Kiwano 115
Luffa-Gurke 117
Lulo 118
Okra 119
Patisson 120

Pepino 121
Schlangenhaargurke 122
Spaghettikürbis 123
Speisekürbis 124
Tamarillo (Baumtomate) 128
Tomatillo 129
Zucchini 130

Andere Gemüsearten 134

Artischocke 134
Grünspargel 135
Mini-Speisemais 137
Zuckermais 138

Bezugsquellen 140

Literaturverzeichnis 141

EINLEITUNG

Wir sind bemüht, aus unseren Gärten nicht nur ständig frisches Gemüse zu ernten, sondern auch eine reichhaltige Auswahl unter den verschiedensten Gemüsearten zu haben. Weltweit werden bis zu 1000 Pflanzenarten als Gemüse gegessen. Unter Gemüseraritäten versteht man:

1. **Alte Kulturarten,**
   die bei uns im Anbau waren, aber durch ertragreichere Arten abgelöst wurden, z.B. Pastinak, Gartenmelde, Haferwurzel, Teltower Rübchen u.a.m.
2. **Neue Gemüsearten und -sorten**
   Gemüsearten, die in den letzten Jahrzehnten neu eingeführt wurden und heute lokal bereits im Anbau sind, z.B. Brokkoli, Knollenfenchel, Radicchio, Zuckerhutsalat u.a.m. Große Bemühungen wurden in Holland unternommen, Neueinführungen von Gemüsearten am Markt zu plazieren. Es waren dies Bleichsellerie 1973, Eierfrucht 1975, Zucchini 1978, Brokkoli 1978, Knollenfenchel 1979, Radicchio 1985, Lollo Rossa 1986.
3. **Gemüse-Exoten**
   Bei Urlaubsreisen ins Ausland kommt man mit neuen Gemüsearten in Berührung, lernt sie kennen und schätzen und möchte auch zu Hause einige dieser ausgefallenen Gemüsearten selbst kultivieren, wie z.B. Pepino, Pak-Choi, Kiwano u.a.m.
4. **Wildgemüse**
   Die Nostalgiewelle hat wieder Interesse an den Wildgemüsearten gebracht. Wildgemüse schmeckt genausogut wie unser Kulturgemüse und ist überdies oft auch nahrhafter. Durch ihren hohen Vitamin C-Gehalt haben Wildgemüse einen großen gesundheitlichen Wert. Da es oft mühsam ist, Wildgemüse zu sammeln, sollte doch der Versuch unternommen werden, selbst einige davon anzubauen, wie z.B. Brennnessel oder Löwenzahn.

Einige Vitamin C-Gehalte in mg / 100 g Frischware

Kulturgemüse		Wildgemüse	
Kopfsalat	13	Huflattich	104
Wirsing	45	Löwenzahn	115
Spinat	52	Sauerampfer	117
Gartenkresse	59	Gartenmelde	157
Grünkohl	105	Bärlauch	291
Sprossenkohl	114	Gr. Brennessel	333

Es werden in diesem Praxisbuch Gemüsespezialitäten vorgestellt und beschrieben, die man auch in unserem Klima kultivieren kann, und Anleitungen gegeben, wie sie in der Küche zubereitet werden können. Die angeführten Rezepte stellen nur eine Anregung für weitere eigene Kocherlebnisse dar.

KOHLGEMÜSE

Brokkoli *(Brassica oleracea* L. convar. *botrytis* Alef. var. *italica* Plenck.)*

Brokkoli – auch Spargelkohl genannt – ist in Süditalien, Zypern und Kreta beheimatet und gehört zur Familie der Kreuzblütler. Erst im 20. Jahrhundert wurde der Anbau in den USA in größerem Ausmaß vorgenommen. In Europa erfolgt der Anbau seit den 60er Jahren. In Holland wurde der Erwerbsanbau für eine Marktbeschickung 1978 begonnen.

Kultur

Die Kultur ist in allen Gemüseanbaugebieten möglich, der Wärmeanspruch liegt etwas höher als beim Blumenkohl.
Die Aussaat erfolgt ab Mitte März bis spätestens Anfang Juli direkt an Ort und Stelle. Einer Vorkultur der Pflanzen ist der Vorzug zu geben. Mit Vlies- und Folienabdeckung ist eine Ernteverfrühung von bis zu 2 Wochen möglich.
Die Aussaat bei Folienabdeckung erfolgt Ende Jänner bis Ende Februar, die Pflanzung Anfang März bis Anfang April. 1g Saatgut enthält 150–250 Korn.
Der Saatgutbedarf für 100 m² beträgt 3–4 g, die Dauer der Anzucht ca. 30 Tage.
Letzter Pflanztermin ist Anfang August.
Ein Reihenabstand von 40–50 cm und ein Abstand in der Reihe von 40 cm sind einzuhalten.
Die Vlies- oder Folienabdeckung erfolgt sofort nach der Pflanzung und ist bis Mitte Mai zu belassen.

Ernte

Als Gemüse werden die Blütenknospen geerntet, die auf einem fleischigen Stiel einen lockeren Kopf bilden. Man erntet diese Köpfe mit einem Stiel von 10–20 cm. Nach der Ernte des Hauptkopfes bilden sich in den Blattachseln weitere kleinere Köpfe nach. Zur Ernte müssen die Blütenknospen noch fest geschlossen sein, die gelblichen Blüten dürfen noch nicht durchschimmern. Die Ernte erfolgt bei den Sätzen mit Folienabdeckung Mitte Mai bis Mitte Juni und bei den übrigen Sätzen Ende Juni bis Ende Oktober.
Die Erntemenge liegt bei 2–2,5 kg / m².

Sorten

Atlantic, Cape Queen, Corvet, Delicia, Emperor, Juwaprim (früh, für Folie und Vlies), Green Valiant, Premium Crop, Pakman, Regilio, Sparko, Steiff, Viking, Switch.
Brokkoli mit blauvioletten Köpfen: Purple Mountain, Rosalind, Viola.
Sehr beliebt sind neuerdings die **Kronen-Brokkoli** („Crown") mit großen schweren flachen Köpfen (400–600 g) und kurzem Stiel von maximal 15 cm, wie die Sorten: Green Belt, Clyde und Marathon.

Rezepte

Der Geschmack von Brokkoli liegt zwischen Kohlsprossen und zarten Spargelspitzen. Als Gemüse genutzt werden sowohl die Köpfe samt Stiel als auch die jungen Blättchen. Die leichte Verdaulichkeit und der hohe Mineralstoff- und Vitamingehalt (Vitamin A u. B-Komplex) machen Brokkoli als Schonkost interessant.

Untersuchungen aus den Jahren 1993/94 haben eine krebshemmende Wirkung festgestellt.

Die Kochzeit beträgt bei kleineren Köpfen 10 Minuten und bei größeren Köpfen 15 Minuten.

Überbackener Brokkoli

Brokkoli in Salzwasser kochen und abtropfen lassen. Fein schneiden und abwechselnd mit Leberkässcheiben in eine gefettete Form schichten. Käse mit Ei und Milch verrühren und über das Gemüse gießen. Im heißen Backrohr ca. 10 Minuten überbacken, mit Petersilie garnieren.

Brokkoli-Rohkostsalat

Blanchierten Brokkoli zerkleinern, je nach Belieben geriebene Äpfel und Karotten, einige gehackte Nüsse, Joghurt oder Süßrahm einrühren. Der Geschmack kann mit Zitronensaft, Weintrauben oder anderem Obst, je nach Jahreszeit, verfeinert werden.

Brokkoli-Gemüse

Brokkoli wie beschrieben dünsten, auf einer Platte anrichten und mit zerlassener Butter übergießen.

Brokkoli-Torte

Blätterteig in eine Springform einlegen und mit der Gabel einige Male einstechen, damit beim Backen keine Blasen aufkommen. Den blanchierten Brokkoli gut abtropfen lassen und auf dem Blätterteig auflegen. Mit etwas Semmelbröseln bestreuen und einer gut gemixten Mischung aus Eiern und Süßrahm übergießen sowie mit Muskat, Salz und Zitronensaft würzen. Im Backrohr (mittlere Schiene) bei 225° C ca. 40 Minuten backen und kalt oder warm servieren.

Bunter Blumenkohl (Karfiol)

(Brassica oleracea L. convar. *botrytis* Alef. var. *botrytis* L.)*

Neben dem weißen Blumenkohl – auch Karfiol genannt – gibt es auch violette, grüne, gelbe und rosa gefärbte Sorten. Blumenkohl stammt aus dem östlichen Mittelmeergebiet, den Inseln Kreta und Zypern, und gelangte über Italien nach Frankreich und Deutschland. Heute wird er weltweit angebaut.

Kultur

Eine Pflanzenanzucht ist notwendig.

Die Aussaatzeit für Freilandanbau ist Mitte März bis Anfang Juli; für Freilandanbau mit Folienschutz Ende Jänner bis Ende Februar. 1 g Samen reicht für 80–110 Pflanzen. Eine Abdeckung mit Kulturschutznetzen ist angebracht.

Die Pflanzung ins Freiland erfolgt Mitte April bis Anfang August und für den Anbau unter Folie Anfang März bis Anfang April. Der Pflanzabstand beim Frühanbau ist 50 x 40 cm (= 5 Pflanzen je m^2) bzw. Sommer- und Herbstanbau 50 x 50 cm (= 4 Pflanzen je m^2). Der Saatgutbedarf liegt bei 0,5g / 10 m^2.

Ernte

Der Erntebeginn bei den Foliensätzen ist Ende Mai und bei den normalen Freilandsätzen Ende Juni. Die Kulturdauer von Saat bis Ernte liegt, je nach Anbautermin und Sorte, bei 55–80 Tagen. Beim letzten Pflanztermin Anfang August liegt der Erntebeginn bei Mitte Oktober. Da nicht alle Köpfe gleichzeitig erntefähig sind, muß einige Male durchgeerntet werden. Erntereif sind die Köpfe, solange sie noch fest sind und bevor sie sich aufzulockern beginnen. Biologisch gesehen, sind zu diesem Termin die Blütenknospen noch nicht angelegt, im Unterschied zum Brokkoli.

Sorten

Es werden nur Sorten von bunten Blumenkohlarten angegeben.
Hellgrüne Köpfe: Alverda, Limelight.
Violette Köpfe: Violett Queen, Violetto di Sicilia, Purple Cape.
Rosa Köpfe: Cimone.
Gelbe Köpfe: US-Forschern ist es gelungen, eine Sorte mit gelben Köpfen und mit einem besonders hohen Gehalt an Provitamin A zu züchten.

REZEPTE

In der Küche werden die bunten Blumenkohlarten wie der weiße Blumenkohl zubereitet. Die Angabe von Rezepten erübrigt sich daher.

Blumenkohl ist leicht verdaulich und gesund (Vit. C-Gehalt im Durchschnitt bei 75 mg / 100 g Frischware). Wie Brokkoli soll auch Blumenkohl das Krebsrisiko verringern.

Grünkohl *(Brassica oleracea* L. convar. *acephala* Alef. var. *sabellica* L.)*

Beim Grünkohl handelt es sich um einen Vertreter der Familie der Kreuzblütler der Gattung Brassica. Seine Heimat liegt im östlichen Mittelmeerraum. Die Römer brachten den Grünkohl nach West- und Mitteleuropa. Im 17. Jahrhundert gelangte er nach Nordamerika.

Kultur

Die Bodenansprüche sind gering, und der Anbau ist in allen Gemüseanbaugebieten möglich.

Die Aussaat erfolgt im Freilandsaatbeet Ende Mai bis Anfang Juni, die Pflanzung Ende Juni bis Anfang Juli oder Direktsaat an Ort und Stelle. Die Reihenentfernung beträgt 40–60 cm, der Abstand in der Reihe 30–40 cm, die Saattiefe 2 cm, der Pflanzenbedarf 5 Stück / m^2, der Saatgutbedarf liegt bei 0,4–0,5 g / 10 m^2.

Eine Düngung während der Kultur mit einem Volldünger ist zweckmäßig.

Ernte

Die Ernte erfolgt nach den ersten Frösten im November bis Dezember.

Durch den Frost wird die vorhandene Stärke in Zucker umgewandelt. In klimatisch günstigen Gegenden ist die Ernte über den Winter bis März möglich.

Bei der Ernte werden die Blätter einzeln vom Stengel abgenommen.

Erntemenge 2–3 kg / m^2.

Grünkohl verträgt Temperaturen bis –10° C.

Sorten

Niedriger Grüner Krauser, Halbhoher Grüner Krauser, Hammer, Arpad, Arsis, Darkibor, Fribor, Vates, Winterbor, Lerchenzungen, Kobold, Masury, Moosbor, Sambor, Spurt.

REZEPTE

Grünkohl ist ein gesundes Wintergemüse mit hohem Mineralstoff- und Vitamingehalt (105 mg Vitamin C, Vitamin A bzw. Carotin 4,1 mg). Die Blätter werden ohne Stiele im Salzwasser blanchiert, klein geschnitten und je nach Rezept weiterverarbeitet. Man kann auch die rohen Blätter schneiden und wie Spinat zubereiten.

Grünkohlsuppe
Gewürfelte Zwiebel in Öl glasig braten und rohen geschnittenen Grünkohl zufügen. Mit Suppe aufgießen und 30 Minuten kochen lassen. Würzen und mit Créme fraîche verfeinern.

Grünkohlgemüse
Fein geschnittenen Grünkohl in Öl anbräunen und in wenig Wasser dünsten. Mit Salz, Muskat oder Koriander und eventuell etwas Zucker würzen. Zu Selchfleisch oder Würsten servieren.

Brokkoli (blauviolett)

Pak-Choi

Bunter Blumenkohl

Grünkohl

Riesenkohl

Grünkohl (holsteinisch)

Grünkohl und Porree schneiden und in Öl andünsten. Mit angequollenen Haferflocken binden und mit Salz, Zucker und Pfeffer abschmecken.

Grünkohl-Knospen

Aus den abgeernteten stehengebliebenen Strünken wachsen Sprosse nach, die wie Spinat zubereitet werden.

Anmerkung: Grünkohl eignet sich auch sehr gut zum Tiefgefrieren.

Pak-Choi *(Brassica rapa* L. var. *chinensis* Olsson*)*

Er ist eine alte Kulturpflanze aus China, die mit dem Chinakohl nahe verwandt ist. Die einjährige Langtagpflanze weist verdickte weiße bis grünweiße Blattstiele auf. Im Unterschied zum Chinakohl hat sie jedoch keine Kopfbildung, sondern lockeren Wuchs und wird je nach Sorte 20–60 cm hoch.

Kultur

Die Aussaat ins Freiland erfolgt an Ort und Stelle oder es erfolgt eine Pflanzung vorkultivierter Jungpflanzen. Die Saat geschieht Anfang Juli bis Anfang August, die Pflanzung bis Mitte August. Saaten vor Mitte Juli bringen Schosser. Der Pflanzabstand beträgt 40 x 40 cm, der Saatgutbedarf 2 g / 10 m², die Saattiefe 2 cm.

Ernte

Die Ernte erfolgt Ende September bis Mitte Oktober. Ein Anbau im Gewächshaus verlängert die Ernteperiode. Pflanzungen sind hier von Anfang Februar bis Anfang März möglich, mit Ernten im April und weitere Pflanzungen von Ende August bis Anfang September mit Ernten im November und Dezember. Der Pflanzabstand beträgt 25 x 25 cm. Der Temperaturbereich tags liegt bei 10–15° C und nachts bei 5–8° C. Die Bodentemperatur sollte bei 10–12° C liegen. Die einzelnen Köpfe von Pak-Choi können bis zu 4 kg schwer werden.

Sorten

Im Handel sind verschiedene Sorten aus Japan im unterschiedlichen Blatt zu Stielverhältnis sowie unterschiedlichen Wuchshöhen von 20 bis 60 cm erhältlich: Joi Choi, Japro, Hypro, Pak-Choi Green, Taisai, Shirona, Mizama, Japanese White, Celery Mustard, Canton Pak-Choi.

REZEPTE

Als Gemüse werden die dicken fleischigen Blattstiele samt den Blättern gegessen. Pak-Choi ist sehr gesund: 2,6 mg Eisen, 279 mg Kalium, 53 mg Vitamin C und 3849 I.E. Vitamin A in je 100 g Frischware.

Pak-Choi-Gemüse
Die Stiele werden in Salzwasser gekocht oder in Öl gedünstet; die Blätter grob geschnitten, wie Spinat zubereitet und zu den Blattstielen angerichtet.

Pak-Choi-Suppe
Die Stiele in Stücke schneiden, die Blätter grob hacken und in Butter anlaufen lassen. Mit Suppe oder Wasser aufgießen und würzen. Ca. 10 Minuten kochen lassen, etwas Milch mit Ei versprudeln, zugeben, und nochmals kurz aufkochen.

Anmerkung: In der chinesischen und japanischen Küche werden auch die jungen ganzen Pflanzen mit 10–12 cm Größe als Gemüse zubereitet und als Mini-Pak-Choi bezeichnet.

Riesenkohl *(Brassica oleracea L. var. acephala Alef.)*

Riesen- oder Baumkohl ist nahe verwandt mit dem Markstammkohl und hat einen hohen Stengel von 1 bis 1,5 m, aus denen früher auf der Kanalinsel Jersey Spazierstöcke hergestellt wurden.

Palmkohl *(Brassica oleracea L. convar. acephala Alef var. palmifolia DC.)*

Eine alte Kohlsorte aus dem 19. Jahrhundert mit schmalen, kohlähnlichen Blättern, die in einer palmartigen Rosette am Stengelende stehen.

Romanesco *(Brassica oleracea L. convar. botrytis Alef var. italica Plenck)*

Ein Blumenkohl mit gelbgrün gefärbten, türmchenartigem Aufbau der einzelnen Knospenköpfchen. Er bildet erst im Herbst feste schöne Köpfe.

Kultur

Aussaat zwischen 10. und 20. Juni mit Pflanzung 15–20. Juli. Der Pflanzabstand beträgt 75 x 60 cm. Der Saatgutbedarf liegt bei 0,3–0,4 g je 10 m^2 bzw. 2–3 Pflanzen je m^2.

Ernte

Die Ernte setzt ab Mitte Oktober ein und geht bis in den Dezember. Romanesco ist frostverträglich.

Sorten

Minaret, Verde Romanesco, Shannon.

REZEPTE

Romanesco wird als Gemüse zubereitet wie Brokkoli oder Blumenkohl. Meist wird er als ganzer Kopf verwendet, da der türmchenartige Aufbau besonders attraktiv wirkt und in Gemüsemischungen wegen der gelblich-grünen Färbung vom übrigen Blumenkohl absticht.

Tat Soi *(Brassica rapa* L.subsp. *chinensis* var. *rosularis)*

Rosettenartiger Wuchs mit kurzen, dicken, fleischigen, weißen Stielen mit dunkelgrünen löffelartigen Blättern. Die einzelnen Rosetten können bis zu einem Kilo schwer werden. Die Kultur und die Verwendung in der Küche erfolgt wie bei Pak-Choi.

Winterblumenkohl *(Brassica oleracea* L. convar. *botrytis* Alef var. *botrytis* L.)*

Winterblumenkohl kann in Gegenden mit milden Wintern angebaut werden, ist jedoch in Mitteleuropa mit Kulturrisiken verbunden. Die Kultur ist dort möglich, wo es im Winter nicht unter –8° C friert.

Kultur

Die Aussaat erfolgt im August, mit Pflanzung im September, die Ernte April bis Mai des Folgejahres. Der Pflanzabstand beträgt 70 x 70 cm. Der Saatgutbedarf liegt bei 0,3–0,4 g pro 10 m². Der günstigste Pflanztermin liegt zwischen dem 20. August und dem 10. September.

Sorten

Arcade, Armetta, Arthur, Markanta, Armado, Snow Prince, Snow February, Snow March.
Rot: Purple Cape.

REZEPTE

Die Verwendung in der Küche als Gemüse erfolgt wie bei Blumenkohl.

| Romanesco | Winterblumenkohl |

Tat Soi

SALATGEMÜSE

Kopfsalat *(Lactuca sativa L.)*

Die Heimat des Kopfsalates liegt in Asien, Ägypten und Ostafrika. Die Römer brachten den Salat nach Mitteleuropa. Im 16. Jahrhundert wird von kopfbildenden Salaten berichtet. Der Eissalat entstand erst Ende des 19. Jahrhunderts in den USA. Seit dieser Zeit gibt es auch immer wieder neue Salatspezialitäten mit grünen, hellgrünen bis gelben und roten bis rotbraunen Farben, mit festen oder losen Köpfen. Solche Spezialitäten sind zum Beispiel Eichenblattsalat, Lollo-Salat, Frillice-Salat .

REZEPTE

Salat mit Essig und Öl
Die gewaschenen und trocken geschwenkten Salatblätter werden kurz vor dem Anrichten in einer Schüssel gesalzen und gut durchmischt. Dann gießt man das Öl darauf und mischt wieder tüchtig durch. Erst jetzt gibt man den Essig dazu und mischt nochmals gründlich durch.

Salat mit Kräutern
Kräuter, wie Petersilie, Kerbel, Estragon, Kresse, Sauerampfer, Schnittlauch, mit feingeschnittenen Schalotten passieren, mit Senf, Essig, Öl, Salz und Pfeffer abrühren und über den Salat gießen.

Salat mit Knoblauch
Knoblauch fein hacken und mit Salz zerdrücken. Créme fraîche mit Öl, Essig, fein gehacktem Basilikum gut verrühren, mit Pfeffer und Salz abschmecken und über den Salat geben.

Salat mit Senf
Petersilie und Schalotten fein geschnitten und passiert mit Senf vermischen. Hart gekochte Eidotter mit Öl, Zitronensaft und Essig mischen, mit Salz, Pfeffer und etwas Zucker abschmecken, zu einer zarten Sauce verrühren und über den Salat verteilen.

Eissalat *(Lactuca sativa L. var. capitata L.)*

Eissalat, auch Eisbergsalat genannt, kommt aus den USA. Die Köpfe sind fester als beim Kopfsalat und die Blätter sind gefranst bis gekraust. Er ist auch hitzebeständiger und länger haltbar. In Holland findet er sich seit 1978 im Erwerbsanbau.

Kultur

Der Anbau erfolgt durch Direktsaat ins Freiland oder durch Pflanzung nach einer

Jungpflanzenanzucht. Die Aussaat geschieht im Februar bis Mitte Juli, die Pflanzung Mitte März bis Anfang August. Der Pflanzabstand beträgt 30 x 30 bis 30 x 40 cm. Der Saatgutbedarf liegt bei 0,2–0,3 g pro 10 m² (oder 110 St. Pillensaat je 10 m²). Pflanzenanzahl 80–95 Stück je 10 m². Für eine laufende Ernte wird alle 3 Wochen eine neue Aussaat durchgeführt. Die Entwicklungszeit ist 8–12 Tage länger als beim Kopfsalat. Bei Stufensaaten ist eine Ernte von Ende Mai bis Ende Oktober möglich.

Sorten

Great Lakes, Minetto (kleinköpfige Sorte), Pennlake, Nabucco, Endure, Saladin, Kappa (dunkelgrün, auch für Glashaus und Folienkultur), Iceball, Kelvin, Calgary, Callista, Astral, Mythos, Calona, Marius, Sioux (rot), Pablo (rot). Ein stark gekrauster, dunkelgrüner Eissalat mit offenem Blattschopf und sehr dekorativem Aussehen ist die Sorte Frillice.

Inhaltsstoffe

Kopfsalat ist kalorienarm, ballaststoffreich und spielt für unsere gesunde Ernährung eine immer wichtigere Rolle. Er ist reich an Mineralstoffen und Vitaminen. Seine erfrischende Wirkung geht auf den hohen Gehalt an Apfelsäure, Zitronensäure und Weinsäure zurück. Der hohe Eisengehalt mit 1,1 mg / 100 g Frischware liegt unter den Gemüsearten an erster Stelle und ist sogar dem Gartenspinat überlegen. Die Bitterstoffe (Lactucin und Lactucopicrin) haben eine beruhigende Wirkung. Schon im klassischen Altertum wurde Salat bei Schlafstörungen gegessen.

Bataviasalat *(Lactuca sativa* L. var. *capitata* L.)*

Bataviasalat, auch Krachsalat genannt, ist eine Kreuzung von Kopfsalat und Eissalat. Das Blatt ist weicher als beim Eissalat, aber immer noch knackig. Er bildet feste Köpfe, und die Blattränder der äußeren Blätter sind gezackt und oft rötlich gefärbt (Einlagerungen von Anthocyanen).

Kultur

Anbau wie beim Eissalat beschrieben.

Sorten

Grazer Krauthäuptel, Laibacher Eis, Rotor, Masaida (gelbgrün), Edurne (gelbgrün), Tarentelle (rot), Canasta (mittelgrün und $^1/_3$ der Blattfläche rot), Carpo (rotgrünblättrig), Rondo (rotblättrig).

Spezialität in der Steiermark ist der Grazer Krauthäuptel (mittel- bis hellgrün) mit großen festen Köpfen und deutlich rötlichen Blatträndern. Empfohlener Pflanzabstand 30 x 30 cm.

REZEPTE

Specksalat

Salat vierteln, Speck kleinwürfelig schneiden, auslassen, bis die Grammeln gelb sind. Grammeln herausnehmen, warm stellen. Das zurückgebliebene Fett mit Essig mischen, heiß werden lassen und über die Salatvierteln gießen. Die Essig-Fett-Mischung wieder zurück in die Pfanne schütten, neuerlich heiß werden lassen und über den Salat gießen. Zum Schluß mit den heißen Grammeln bestreuen.

Salat mit Mozzarella

Basilikum fein hacken, in einer Hälfte davon die abgetropften Mozzarella-Stücke wälzen. Trocken geschwenkten Salat teilen, größere Blätter in Streifen schneiden, mit den Mozzarella-Stücken mischen.
Salatsauce aus Essig, Gemüsesuppe, Basilikum, Salz und Pfeffer anrühren und darüber gießen.

Eichenblattsalat *(Lactuca sativa L. var. crispa L.)*

Der Eichenblattsalat gehört zu den sogenannten Pflück- und Schnittsalaten.
Der Kopf ist offen, mit gelben, grünen oder braunroten, glatten, eingeschnittenen Blättern.

Kultur

Die Aussaat im Freiland erfolgt an Ort und Stelle, oder es wird eine Vorkultur der Jungpflanzen mit Pflanzung ins Freiland im Abstand 30 x 30 cm angelegt, entsprechende Saatzeit (Anfang April bis Anfang August). Der Saatgutbedarf beträgt 0,3–0,4 g / 10 m^2 oder 140 Pillen. Kultur wie beim Eissalat, die Kulturzeit ist jedoch etwas kürzer.

Ernte

Die Ernte erfolgt als ganze Pflanze, oder man entnimmt laufend die äußeren Blätter und läßt die Pflanze durchwachsen, die bis zu 1 m hoch werden kann.
Erntezeit ist Mai bis Oktober. Der Ertrag liegt bei 6–10 kg / m^2. Die einzelnen Köpfe wiegen bis zu 1 kg.

Bataviasalat

Grazer Krauthäuptl

Eichenblattsalat

Eichenblattsalat

Lollo-Salat

Frillice

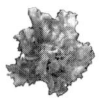
Sorten

Eichenlaubsalat, Salad Bowl, Red Salad Bowl (rot), Raisa (braunrote Blätter mit festem offenem Kopf), Krizet (gelbgrün), Sherpa (gelbgrün), Grand Rapids (hellgrün).
Sorten für Einzelblatternte (Pflücksalat): Struwwelpeter, Amerikanischer Brauner.

Lollo-Salat *(Lactuca sativa L. var. crispa L.)*

Der rote Lollo Rossa und der hellgrüne Lollo Bionda gehören zu den sogenannten Blattbatavien-Salaten. Sie bilden einen festen Blattschopf, sind sehr dekorativ und gut haltbar. Man kann die ganze Pflanze ernten oder nur die äußeren Blätter abpflücken. In Holland ist diese Sorte seit 1986 im Erwerbsanbau zu finden.

Kultur

Wie beim Eichenblattsalat.

Sorten

Lollo Rossa (rot): Bellisimo, Lotto, Amorina, Impuls, Valeria, Atsina.
Lollo Bionda (hellgrün): LM 8503, Bergamo, Cireo, Casablanca.
Monet (dunkelgrün).

Römischer Salat *(Lactuca sativa L. var. longifolia Lam.)*

Dieser Salat, auch Romana-Salat oder Binde-Salat genannt, bildet einen geschlossenen länglichen Kopf. Die Innenblätter sind gelb. Er verträgt höhere Sommertemperaturen und wird daher gerne in Mittelmeergebieten angebaut.

Kultur

Die Aussaat ins Freiland erfolgt direkt an Ort und Stelle ab April oder es erfolgt eine Vorkultur im Gewächshaus bei 20–25° C mit anschließender Auspflanzung. Die Auflage von Vlies oder Folie ist zu empfehlen. Der Pflanzabstand beträgt 30 x 30 bis 35 cm. Die Aussaat geschieht von Februar bis Ende Juli. Die Pflanzzeit ist Mitte März bis Mitte August.
Der Saatgutbedarf liegt bei 0,2–0,3 g / 10 m² (oder 110 Pillensaat / 10 m²), der Pflanzenbedarf bei 95–110 St./10 m².

Ernte

Die Ernte erfolgt 8–12 Wochen nach der Pflanzung von Ende Mai bis Oktober. Die einzelnen Köpfe können bis zu 1 kg schwer werden. Der durchschnittliche Ertrag liegt bei 40 bis 60 kg / 10 m^2.

Sorten

Riva, Green Towero, Corsica, Valmaine, Romea, Romance, Odessa, Cargo, Kasseler (gelbgrün), Hecto (mittelgrün), Padox, Paris Island Cos, Corsaro, Tacos, Little Leprechaun und Red Cos (braunrot).
Eine spezielle Sorte Forellenschluß wird in der Steiermark und in Tirol angebaut. Die dunkelgrünen Blätter haben rötlich-violette unregelmäßige Flecken.
Anmerkung: Ein Römischer Salat besonderer Art ist der Salattyp Little Gem (Sugar Cos) mit den Sorten Attico und Ferro mit festen, kompakten Köpfen und gewellten, dunkelgrünen Blättern. Das Herz dieser Sorten ist fest und schmeckt süßlich.

REZEPTE

Die Verwendung in der Küche erfolgt roh als Salat oder gekocht als Gemüse (Kochsalat).

Gefüllter Römischer Salat
Die Außenblätter entfernen und die ganzen Köpfe in leicht gesalzenem, siedendem Wasser 2 Minuten blanchieren und abtropfen lassen. Eine Mischung aus kleingeschnittenen Oliven, Pinienkernen, Rosinen und Kapern in die auseinandergefalteten Salatblätter geben und wieder schließen. In einer Fleisch- oder Geflügelbrühe im Rohr 20 Minuten dünsten und warm servieren.

Spargelsalat *(Lactuca sativa* L. var. *angustana* hort. Ex L. H. Baily)*

Der Spargelsalat bildet keinen Kopf, sondern einen dickfleischigen, bis zu 1,2 m hohen Stengel, der vor der Blütenbildung geerntet und wie Spargel gegessen wird. Der Spargelsalat kommt aus China und kam im 19. Jahrhundert durch Missionare nach Frankreich und 1938 in die USA.

Kultur

Die Aussaat ins Freiland erfolgt an Ort und Stelle von Ende März bis Juni / Juli. Der Reihenabstand beträgt 30 cm, die Saattiefe 2 cm. Nach dem Auflaufen auf 20–25 cm in der Reihe vereinzeln.

Ernte

Nach 90 Tagen ist die Ernte der Stengel mit 2–3 cm Durchmesser und ca. 30 cm Länge gegeben. Die Ernte der ersten Blätter ist bereits nach 30 Tagen möglich.

REZEPTE

Der fleischige Stengel wird vor der Blütenbildung geerntet, geschält und gekocht und wie Spargel gegessen.
Es können auch die Blätter gegessen werden, diese sind jedoch sehr hart.

Spargelsalat-Gemüse
Stengel schälen, fein schneiden und kurz anbraten. Das Salatherz kann wie Salat gegessen werden.

Zuckerhutsalat *(Cichorium intybus* L. var. *foliosum* Hegi)*

Ein Salat aus der Gattung der Zichorien-Gewächse. An Boden und Klima stellt der Zuckerhutssalat keine großen Ansprüche. Er gedeiht überall dort, wo Kopfsalat mit Erfolg kultiviert wird.

Kultur

Direktsaat an Ort und Stelle im Freiland, wobei der richtige Saattermin von großer Entscheidung ist. Saattermin 20. Juni bis 10. Juli in Reihenabständen von 50 cm und Abstand in der Reihe auf 35–40 cm zu vereinzeln.
Der Saatgutbedarf liegt bei 1,0–1,5 g / 10 m². Ein Verpflanzen der Sämlinge ist nicht immer mit Erfolg möglich. Es ist auch eine Jungpflanzenanzucht mit nachfolgender Verpflanzung durchführbar. Auch hier ist der Saattermin einzuhalten. Die Pflanzung erfolgt ca 3 $^1/_2$ Wochen danach. Die Saattiefe liegt bei 1–2 cm.
1g Saatgut enthält 680–850 Körner.

Ernte

Die Ernte beginnt im September bis November. Zuckerhut verträgt Fröste bis –7° C. Mitte November werden die Pflanzen mit den Wurzelballen ausgestochen und im Keller im feuchten Sand oder in Erde eingeschlagen.
Sie sind bis ins Frühjahr hinein haltbar. Ohne Wurzeln ist die Lagerung der Köpfe 4–6 Wochen möglich. Der Ertrag liegt bei 2–3,5 kg / m².

Sorten

Jupiter, Pluto, Poncho, Sperlings-Kristallkopf, Stamm Vatter, Elmo, Hilmar, Uranus, Gradina, Scarpia.

REZEPTE

Die Zubereitung in der Küche erfolgt roh oder gedünstet, mit Butter übergossen. Der leicht bittere Geschmack vergeht mit zunehmender Reife.

Römischer Salat

Spargelsalat

Zuckerhutsalat

Cichorée wird für den Abtrieb vorbereitet

Zuckerhutsalat

Die gereinigten Blätter werden in schmale Streifen geschnitten und normal zu Salat angerichtet.

Zuckerhutgemüse

Die Blätter werden in Salzwasser gekocht, fein geschnitten und in Butter gedünstet. Je nach Geschmack würzen und weitere Zutaten hinzufügen.

Radicchio *(Cichorium intybus* L. var. *foliosum* Hegi)*

Er ist eine Salatzichorie der alten Römer und Griechen und stammt von der wild wachsenden Wegwarte ab. Radicchio ist heute weltweit im Anbau. Er gehört zur selben Gattung wie der Zuckerhutsalat und Chicorée, ist meist intensiv rot gefärbt, mit weißen Blattrippen.

Kultur

Beim Radicchio sind verschiedene Gruppen zu unterscheiden:
- **Typ „Chioggia":** Auch Sommerradicchio genannt, mit runden Köpfen und
- **Typ „Treviso precoce",** mit länglichen Köpfen. Die Aussaat beider Typen erfolgt Anfang Juni bis Anfang Juli , der Abstand beträgt 30–35 x 25 cm. Der Saatgutbedarf liegt bei 1–2 g / 10 m². Ernte September bis Oktober. Es ist auch eine Pflanzung Ende Mai bis Ende Juli möglich, dazu erfolgt die Aussaat Mitte April bis Anfang Juli. Erntetermin ist Mitte Juli bis Oktober. Fröste bis –5° C werden vertragen. Bei der Ernte beläßt man einen Wurzelstumpf von 1–2 cm am Kopf, um die Blätter zusammenzuhalten. Erträge von 13–16 kg / 10 m² sind zu erwarten.
  Sorten: Palla Rossa, Prima Rossa, Marina, Roter Ballon, Giulio, Cesare, Wildfire, Chermes, Cresola.
- **Typ „Verona":** Die Aussaat erfolgt Ende Juni bis Anfang August an Ort und Stelle mit einem Reihenabstand von 20 cm und in der Reihe auf 12 cm zu vereinzeln. Der Saatgutbedarf liegt bei 3–4 g / 10 m². Bis zum Herbst bilden sich grüne Blätter, diese erfrieren, und die Wurzeln bleiben den Winter über im Boden. Der neue Austrieb im Frühjahr bringt rotblättrige Köpfe. Die Erntezeit liegt bei Ende Februar bis April. Der Ertrag beläuft sich auf 7–8 kg / 10 m². Ein Anbau ist nur in frostfreien Gebieten möglich, da die Wurzeln sehr frostempfindlich sind.
  Sorten: Roter von Verona, Verona.
- **Typ „Treviso invernale":** Aussaat wie beim Radicchio Typ „Verona", es werden aber die Wurzel samt Laub im Herbst ausgegraben und im Winter in einem Warmwasserbad angetrieben. Es bilden sich längliche, meist lose Köpfe mit rotgefärbten Blättern und weißen Rippen.

- **Typ „Castelfranco":** Dieser Typ bildet lockere große Köpfe, ist elfenbeinfarbig, mit rosavioletten Flecken (wegen dieser Färbung auch Orchideen-Salat genannt). Die Wurzeln werden zum Teil im Dunkeln abgetrieben oder am Feld mit Stroh oder Mulchfolie abgedeckt gebleicht. Die Aussaat erfolgt Ende Juni bis Anfang Juli im Abstand 30–35 cm . Der Saatgutbedarf liegt bei 2,5 g / 10 m².
- **Typ „A grumolo verde":** eine grünblättrige Salatzichorie, der Anbau geschieht wie beim Typ „Verona".

REZEPTE

Die Blätter werden frisch als Salat zubereitet oder zu Salatmischungen bzw. als Dekoration zu Speisen verwendet. Radicchio wird aber auch gekocht als warmes Gemüse gegessen. Die enthaltenen Bitterstoffe (Intybin) sind appetitanregend und verdauungsfördernd. Mit zunehmender Reife – gegen Herbst – nimmt der Bitterstoffgehalt etwas ab. Um ihn zu verringern, kann man die Blätter für 2–3 Stunden in Wasser einlegen, es gehen jedoch dabei die wertvollen Inhaltsstoffe verloren.

Radicchio fritto
Die Herzen von Radicchio in Teig tunken und in reichlich Öl rundherum herausbacken. Der Teig besteht aus Mehl, Eigelb und Öl.

Radicchio supreme
Radicchio in mundgerechte Stücke schneiden und mit geschnittenen Tomaten, Schalotten, Camembert und Petersilie mischen. Süßrahm, Senf, Salz und Pfeffer unterheben und sofort servieren.

Chicorée *(Chicorium intybus* L. var. *foliosum* Hegi)*

Chicorée stammt von der Wegwarte ab; seine Wurzeln werden ab dem 17. Jahrhundert für den Zichorienkaffee verwendet. Durch Zufall fand man heraus, daß der Austrieb dieser Wurzeln sehr gut zu essen ist, und so entstand ab 1900 die gesteuerte Kultur der Chicorée-Treiberei mit Deckerde. Im Jahre 1963 gelang die Treiberei ohne Deckerde. Seit 1990 wird die Treiberei im Warmwasserbad ganzjährig durchgeführt.
Ein Anbau der Chicorée-Wurzeln im eigenen Garten mit anschließender Treiberei ist leicht selbst durchzuführen.

Kultur

Die Kultur teilt sich in zwei Teile. Zuerst werden im Freiland die Rübenkörper (Wurzeln) herangezogen, die dann in geschützten Räumen abgetrieben werden.
Der Anbau der Rüben: Aussaat Anfang Mai an Ort und Stelle mit einem Reihenabstand von 40 cm. Die Saattiefe liegt bei 3 cm, der Saatgutbedarf beträgt 5 g / 10 m². In der Reihe auf 8 cm vereinzeln.

Radicchio	*Rote Kopfsalate*

Ernte

Die Ernte der Wurzeln erfolgt Ende Oktober bis Mitte November. Die Wurzeln sollten einen Durchmesser von 3–7 cm haben. Bei der Ernte werden die Blätter 3–4 cm über dem Wurzelkopf abgeschnitten, und die Wurzeln werden einige Tage im Freien auf einem Haufen liegengelassen. Pro 10 m^2 erntet man 250–270 Wurzeln. Danach werden die Wurzeln trocken bei 1–3° C gelagert.

Abtreiben der Wurzeln und Bleichen

Je nach Bedarf in der Küche entnimmt man die Wurzeln und treibt sie, wie nachstehend beschrieben, ab. Dazu verwendet man alte Holzkisten oder Plastikeimer von 12–15 l Inhalt. Löcher für den Wasserabzug müssen vorhanden sein. Die Behälter werden 10 cm mit Erde gefüllt und die Wurzeln senkrecht dicht an dicht eingestellt, mit 3 cm Erde bedeckt und mit Wasser eingeschwemmt. Die Behälter müssen dunkel aufgestellt werden oder sind mit schwarzer Folie oder einem zweiten darübergestülpten Plastikeimer abzudecken, da der junge Austrieb sich bei Lichtzutritt grün färbt. Bei Temperaturen von 16–18° C können nach 4–6 Wochen die ersten Schoßtriebe geerntet werden. So läßt sich satzweise über den Winter Chicorée selbst für die Küche bereiten. Pro Plastikeimer mit 30 cm Durchmesser kann man 2–2$^1/_2$ kg Schoßtriebe ernten.

Sorten

Für die Treiberei ohne Deckerde sind die Sorten Mitado, Secosa, Liber, Zoom, Flash, Rouge Carla (rot) geeignet.

REZEPTE

Chicorée wird sowohl roh als Salat als auch gekocht zu vielen Gerichten gegessen. Chicorée hat hohen Vitamin C, Vitamin B 1 und B 2 sowie Provitamin A-Gehalt und enthält in reichem Maß die Mineralstoffe Kalium, Magnesium und Kalzium.
Das Polysaccharid in den Wurzeln liegt in Form von Inulin vor und dient als Rohstoff zur Herstellung diätetischer Saccharosen. Chicorée hat einen leicht bitteren Geschmack.

Chicorée-Gemüse
Die vorbereiteten Chicorée-Köpfe in Fett andünsten, etwas Zitronensaft dazutun, aufgießen und 20–30 Minuten dünsten. Mit Butter und Mehl binden und mit Muskat abschmecken. Man kann auch gedünstete Chicoréeköpfe in Schinken einwickeln, in eine gefettete Form schlichten, mit Süßrahm und Eidotter begießen, mit Reibkäse bestreuen und überbacken.

Chicorée mit Porree (holländisch)
Chicorée und Porree in gleich lange Stücke schneiden. Fleischsuppe mit Rahm und Tomatenmark aufkochen. In eine feuerfeste Form gießen, die Chicorée- und Porreestücke einstellen und im Backrohr bei 200° ca. 20 Minuten überbacken.

Anmerkung: Die Wurzeln werden als Heilpflanze eingesetzt; sie fördern die Gallen- und Magensaftsekretion und wirken appetitanregend. Die Droge soll auch bei Lebererkrankungen helfen.

Rote Kopfsalate

Das Gemüseangebot ist in den letzten Jahren nicht nur umfangreicher, die einzelnen Gemüsearten sind auch bunter geworden. So auch beim Kopfsalat, wo eine Unzahl von „roten Sorten" am Markt sind.
Hier einige Beispiele der einzelnen Salatarten:

Rote Salattypen
- **Eissalat:** Sioux, Pablo.
- **Batavia-Salat:** Tarentelle, Canasta (hellgrün mit $^1/_3$ der Blattfläche rot), Rondo, Carpo (rotgrün).
- **Römischer Salat:** Little Leprechaun, Red Cross.
- **Eichenblattsalat:** Red Salad Bowl, Raisa.
- **Blattbatavia:** Lollo Rossa: Bellisimo, Lotto, Amorina, Impuls, Valeria, Atsina.
- **Butterhäuptel:** Aztek, Pirat, Rotköpfchen, Caddo.

BLATTGEMÜSE

Barbarakraut *(Barbarea vulgaris L.)*

Barbarakraut – auch Winterkresse genannt – stammt aus Amerika und ist zweijährig.

Kultur

Die Aussaat erfolgt März bis September. Der Reihenabstand beträgt 30 cm, die Saattiefe 1,5 cm.
In der Reihe auf 15 cm vereinzeln. Barbarakraut liebt feuchten bis nassen Boden, auch halbschattiger Anbau ist möglich. Das Kraut ist etwas frostempfindlich, und daher ist eine Abdeckung über den Winter anzuraten. Im April des 2. Jahres treiben die Blütenstiele.

Ernte

Die Ernte der Blätter kann bereits im zeitigen Frühjahr erfolgen.
Es ist zu empfehlen, jedes Jahr neu anzusäen.

REZEPTE

Die Blätter werden bis zur Blütenbildung geerntet und roh gegessen oder mit Spinat zusammen gekocht. Der Geschmack ist ähnlich dem der Brunnenkresse, jedoch etwas bitterer.

Brunnenkresse *(Nasturtium officinale R. Br.)*

Die Brunnenkresse war bereits im Altertum als Heil- und Gemüsekraut bekannt. Die bekannteste historische Brunnenkresseanlage (Größe 65 ha) stammt aus dem Jahr 1630 und war in Erfurt. Heute wird die Brunnenkresse in Europa und den USA erwerbsmäßig angebaut. Voraussetzung für diese Kultur ist gleichmäßig fließendes Wasser von 10–15° C.

Kultur

Der Anbau ist durch Aussaat oder durch Stecklinge vorzunehmen.
Die Aussaat erfolgt im Freiland Mitte Mai bis Mitte August in Schlamm oder feuchtes Substrat. Bei 10–24° C keimt die Brunnenkresse nach 14 Tagen. Wenn die Sämlinge 5 cm lang sind, wird der Wasserstand langsam angehoben. Bei Kulturbeginn ist der Wasserstand 1–2 cm, zum Zeitpunkt der Ernte 5–15 cm. Das Wasser für die Kultur darf 7° C nicht unterschreiten. Der Wasserfluß soll 400–1000 l Wasser pro Tag und m^2 betragen. Im Herbst ist die Ernte möglich. Weitere Ernten folgen in Abständen von 4–6 Wochen. Beim Anbau durch Stecklinge werden von einer bestehenden Kultur 15 cm lange Stücke abgeschnitten und in die Wasserbeete gesteckt.

Beste Pflanzzeit August / September.
Der Reihenabstand beträgt 20 cm, der Abstand in der Reihe 5–10 cm. Die Triebspitzen müssen während der Kultur immer über dem Wasser sein.
Die Lebensdauer einer Brunnenkresse-Anlage liegt bei ca. 10 Jahren.

Ernte

Die Triebspitzen werden in einer Länge von ca. 14 cm geerntet. Erträge 3,5 kg / m² pro Jahr. Die Haupterntezeit liegt in den Monaten Oktober bis zur Blüte im Mai. Im Winter müssen die Triebspitzen unter dem Wasser sein.

Topfkultur der Brunnenkresse

Ein Anbau von Brunnenkresse ist auch in Gefäßen, wie Kübeln oder Balkonkistchen, möglich. Dabei wird das Gefäß mit Humuserde gefüllt und ein Rand von 5 cm Tiefe freigelassen. Die Samen werden im Juni eingesät, und haben die Keimpflanzen eine Größe von 3 cm erreicht, füllt man das Gefäß mit Wasser auf. Das Wasser wird laufend ergänzt. Nach 6–7 Wochen beginnt die erste Ernte. Man schneidet die Triebspitzen ab, und die Pflanzen treiben wieder willig durch. Über den Winter werden die Gefäße ins Haus genommen und im Kühlen, aber frostfrei, aufgestellt.
So kann weiter bis Mai geerntet werden.

Anmerkung: Eine Erdkultur von Brunnenkresse ist möglich, wie Versuche von F. Keller in der Schweiz ergeben haben. Im Gewächshaus wurde im Oktober ausgesät, und bereits nach 8 Wochen wurden die ersten Triebspitzen mit 6–8 cm Länge geerntet. Nach weiteren 9 Wochen erfolgte die zweite Ernte (Abstand 15 x 15 cm).

REZEPTE

In der Küche verwendet man die Triebspitzen von 6–12 cm Länge in den Monaten Oktober bis Mai. Zum Würzen und Garnieren von Salaten, belegten Broten, Suppen, Saucen, Topfen- und Eierspeisen sowie Bratkartoffeln kann die Brunnenkresse hervorragend eingesetzt werden. Da die Kultur der Brunnenkresse doch etwas kompliziert ist, wird oft als Ersatz Löffelkraut angebaut.

Rohkostsalat
Brunnenkresse putzen, mit Zitronensaft und einer Prise Zucker sowie geraspelten Äpfeln mischen.

Brunnenkresse-Mus
Brunnenkresse kochen, pürieren, mit Kartoffelpüree mischen, würzen und mit Rahm und Butter abschmecken.
Brunnenkresse wird auch als Heilpflanze eingesetzt: sie wirkt harntreibend, verdauungsfördernd, blutreinigend und durchblutungsfördernd.

Kapuzinerbart *(Plantago coronopus* L. var. *sativa* Fiori)*

Der Kapuzinerbart wird in Italien als Zutat für Salate verwendet.
Gedünstet schmeckt er wie Spinat.
Kapuzinerbart wird auch Schlitzwegerich oder in Italien „Barba di frate" genannt.

Kultur

Der Kapuzinerbart stellt keine besonderen Ansprüche an Klima und Boden. Die Aussaat ins Freiland erfolgt Anfang April bis Mitte Juni mit Reihenentfernungen von 20–30 cm.
Der Saatgutbedarf beträgt 2 g / m^2.
Es bilden sich offene Blattrosetten, die vor der Blüte geerntet werden.

Ernte

Die Ernte erfolgt in den Monaten Mai bis Oktober.

REZEPTE

Die Blätter werden entweder roh als Salat oder gekocht als Gemüse gegessen.

Kapuzinerbart mit Thunfisch (italienisch)
Kapuzinerbart 10 Minuten in Salzwasser kochen, mit kaltem Wasser abschrecken und trocken mit Thunfisch, Olivenöl und etwas Sardellenpasta sowie Weinessig verrühren.

Kapuzinerkresse *(Tropaeolum majus* L.)*

Die Heimat der Kapuzinerkresse liegt in Südamerika. Als Gemüse werden zwei Formen von Kapuzinerkresse angebaut:
• mit niederliegend kriechendem Wuchs und den Blüten über den Blättern
• mit rankenden Trieben bis 2,5 m lang und den Blüten unter dem Laub.
Die Pflanze ist anspruchslos und gedeiht in sonniger wie schattiger Lage.

Kultur

Die Aussaat erfolgt an Ort und Stelle im Freiland Mitte Mai. Der Reihenabstand beträgt 25–40 cm, der Abstand in der Reihe 10–15 cm, die Saattiefe 2 cm.
Auch eine Vorkultur im Gewächshaus mit einer Verpflanzung ins Freiland Mitte Mai ist möglich.

Barbarakraut

Kapuzinerbart

Kapuzinerkresse

Brunnenkresse

Löffelkraut

Sorten

Nicht rankend: Juwelenzauber, Florinchen, Whirl Bird, Scarlet, Goldkugel, Bunte Juwelen.
Rankend: Scharlachglanz, Glanzhybriden, Doppelte Glanzhybriden.

REZEPTE

Geerntet werden die jungen Blätter vor der Blüte und als Gewürz für Salate oder Brotbelag verwendet. Die Blätter haben einen hohen Vitamin C-Gehalt. Die Blüten werden als Salat gegessen oder finden als Salatdekoration Verwendung.
Blütenknospen und unreife Samen werden in Kräuteressig als Kapernersatz eingelegt.

Anmerkung: Die Kapuzinerkresse wird auch in der Pharmazie zur Herstellung von Antibiotika auf natürlicher Basis verwendet.

Löffelkraut *(Cochlearia officinalis L.)*

Die Heimat des Löffelkrautes sind die Küsten West- und Nordeuropas.
Löffelkraut ist mehrjährig, frosthart und auch für den Anbau im Halbschatten geeignet.

Kultur

Aussaat im Freiland ohne oder mit Vlies- oder Folienabdeckung im März / April sowie August / September. Der Anbau ist auch in Töpfen am Balkon für die Winterernte möglich. Der Reihenabstand beträgt 20–30 cm, der Abstand in der Reihe 8–10 cm. Der Saatgutbedarf liegt bei 6–8 g / 10 m^2, die Saattiefe bei $^1/_2$–1 cm. Die Bodentemperatur zur Keimung liegt bei 5–12° C.
Löffelkraut ist frosthart, und daher ist auch eine Ernte den Winter über möglich.

Ernte

Die Ernte der Blätter erfolgt ab Juni des Aussaatjahres und die Folgejahre bis zur Blüte im Mai. Geerntet werden die Blätter einzeln oder die ganze Blattrosette.

REZEPTE

Die Blätter des Löffelkrautes haben einen hohen Vitamin C-Gehalt (bis 75 mg / 100 g Frischware). Die Blätter werden frisch als Gewürz zu Salaten wie die Brunnenkresse verwendet.
Es eignet sich auch zur Zubereitung von Gemüsesuppen. Sehr delikat sind rohe, frische Blätter, fein geschnitten und aufs Butterbrot gestreut. Der Geschmack der Blätter ist salzig-bitter.

Anmerkung: Es besitzt eine heilende Wirkung bei Blasenleiden und Verdauungsstörungen und weist ebenso eine stoffwechselanregende Wirkung auf.

Löwenzahn *(Taraxacum officinalis Web.)*

Löwenzahn war bereits im Mittelalter als Heilpflanze und Gemüse bekannt. Heute wird er als Delikatesse in Europa, Nordamerika, Indien und Japan angebaut und als Gemüse genutzt.
Seine Heimat sind Europa und die gemäßigten Klimazonen Indiens.

Kultur

Die Aussaat erfolgt März / April und August ins Freiland mit Reihenabständen von 30–45 cm und einem Abstand in der Reihe von 12–20 cm. Die Saattiefe beträgt 1–2 cm, der Saatgutbedarf 2–3 g / 10 m^2. Es ist auch möglich, vorkultivierte Pflanzen ins Freiland auszusetzen.
Das Bleichen der Löwenzahnblätter kann auf verschiedene Art erfolgen. Die Pflanzen werden im Herbst oder Frühjahr 15–20 cm hoch mit Erde angehäufelt oder mit schwarzer Mulchfolie abgedeckt. Eine andere Möglichkeit besteht darin, die Wurzeln möglichst spät im November zu ernten und bei einer Raumtemperatur von 0–5° C und hoher Luftfeuchtigkeit zu lagern. Diese Wurzeln werden in Kisten oder Kübeln dicht nebeneinander senkrecht eingestellt, dazwischen locker Erde eingestreut und mit Wasser eingegossen. Darüber wird ein weiterer Kübel gestülpt oder mit schwarzer Mulchfolie abgedeckt und bei 14–18° C aufgestellt, wonach nach 3–4 Wochen die Ernte beginnen kann. Je nach Bedarf in der Küche können so nach Wunsch mehrere Sätze hintereinander abgetrieben werden.

Ernte

Bei der Ernte werden die Blätter vom Rand her abgepflückt und laufend geerntet, oder man schneidet bei der Einmalernte ca. 1 cm vom oberen Wurzelteil mit den Blättern ab, so daß die gesamte Rosette nicht auseinanderfällt.
Bei einem erwerbsmäßigen Anbau werden die Wurzeln in Dunkelräumen abgetrieben. Dies erfolgt in Erde oder in Wasser. Bei einer Freilandanbaufläche von 10 m^2 erntet man bei einem Abstand von 20 x 20 cm 250 Wurzeln und benötigt zum Abtreiben 1,25 m^2 Treibfläche (200 Wurzeln / m^2). Ertrag pro m^2 Treibfläche 15–18 kg.

Sorten

Sperlings Lyonel, Nouvelle, Mauser Treib, Treibriese, Verbesserter Vollherziger, Großblättriger, Krausblättriger Löwenzahn.

REZEPTE

Als Gemüse genutzt werden die gebleichten oder ungebleichten Blätter. Der Geschmack ist herb bis leicht bitter. Gebleichte Blätter enthalten weniger Bitterstoffe. Auch kann man durch Blanchieren oder Einlegen in kaltes Wasser die Blätter entbittern. Löwenzahn ist reich an Vitaminen (Vitamin C und Vitamin A) und Mineralstoffen (Kalzium, Eisen und Magnesium) sowie Bitterstoffen (Taraxin). In der Küche werden die Blätter roh als Salat zubereitet oder als Beigabe zu Topfen, Brotaufstrichen und Suppen sowie mit Speckwürfeln und Fett angedünstet als Beilage zu Spiegeleiern gereicht.

Löwenzahn-Cocktail nach Sachsenart
2 Handvoll Löwenzahnblätter, 2 Äpfel, 3 Karotten, 4 EL Zitronensaft, 2 EL Zucker und 1l Mineralwasser mixen und kühl servieren.

Löwenzahn-Blütenhonig
200 Stück Löwenzahnblüten in 1 l Wasser mit 2 Zitronen (in Scheiben geschnitten) kochen. 24 Stunden stehen lassen, durch ein Sieb gießen, 1 kg Zucker zugeben, nochmals 1 Stunde kochen lassen und in Gläser füllen.

Löwenzahnsuppe
Löwenzahnblätter grob zerkleinern, 5 Minuten in Salzwasser blanchieren. Speckwürfel in Öl anbraten und mit Essig sanft aufkochen. Die blanchierten Löwenzahnblätter in die Suppe geben und mit einer aufgeschlagenen Mischung aus Eiern und Parmesan verrühren, würzen.

Auch die Wurzeln des Löwenzahns sind verwendbar. Sie werden in Scheiben geschnitten und im Backrohr geröstet, anschließend gemahlen und als Kaffee-Ersatz oder Zusatz verwendet.

Anmerkung: Löwenzahn hat eine harntreibende und blutreinigende Wirkung. Er wird auch bei Gallen- und Magenleiden sowie Nierenstörungen eingesetzt.

Namenia *(Brassica rapa L. var. esculenta convar. communis)*

Namenia – auch Stielmus genannt – aus der Familie der Kreuzblütler, wird heute vorwiegend in England und Norddeutschland sowie im Fernen Osten kultiviert. Die Pflanze ist bis ca. 60 cm hoch, frostempfindlich und einjährig. Die Blätter bilden eine Rosette und sind stark gefiedert.

Kultur

Der Anbau ist im Freiland leicht durchzuführen.
Der Wärmeanspruch ist gering.

Die Aussaat erfolgt Februar / März oder August / September ins Freiland an Ort und Stelle mit einem Reihenabstand von 15–30 cm und einem Abstand in der Reihe von 10 cm; die Saattiefe beträgt 1,5–2 cm, der Saatgutbedarf 20–30 g / 10 m^2.

Auch eine Vorkultur mit nachträglicher Verpflanzung ins Freiland ist möglich. Der Temperaturanspruch liegt bei 10–15° C.

Eine Abdeckung mit Kulturschutznetzen ist vorteilhaft.

Bereits nach 6–8 Wochen, wenn die Blätter ca. 10 cm hoch sind, kann die erste Ernte erfolgen. Die Blätter bei der Ernte nicht zu tief schneiden, damit die Pflanze wieder durchwachsen kann und mehrere Schnitte möglich sind. Bei Einmalernte kommen die Pflanzen mit den Wurzeln aus dem Boden. Auch ein Anbau im Gewächshaus ist möglich. Die Aussaat für die Herbstkultur erfolgt von Ende August bis Ende September. Bei Frühjahrskultur erfolgt die Aussaat im Dezember, die Pflanzung Mitte Jänner. Folgesaaten erfolgen bis Mitte März. Der Saatgutbedarf beträgt 2 g / m^2. Der Abstand beträgt 25 x 25 cm.

Temperaturbereich 8–18° C (nachts 4–8° C).

Der Ertrag liegt bei 2–4 kg / m^2.

Sorten

Mairübstiel, Namenia, Hymenia, Marker, Expreß.

Rezepte

Die Blätter werden roh als Salat verwendet oder in Salzwasser einige Minuten weichgekocht und wie Blattspinat zubereitet.

Sie sind auch gedämpft in Öl mit Gewürzen, Butter und Parmesan als Gemüsebeilage verwendbar.

Die Blätter enthalten viele Mineralstoffe (Eisen, Kalium, Kalzium, Phosphor) und reichlich Provitamin A sowie sehr viel Vitamin C.

Portulak *(Portulaca oleracea L.)*

Portulak – auch Sommerportulak genannt – ist ein leicht kultivierbares Gewürz bzw. Gemüse und wurde schon im Mittelalter in Europa angebaut.

Kultur

Die Direktsaat ist ab Mitte Mai ins Freiland und ab Mitte April mit Folien- oder Vliesabdeckung möglich. Die Mindestkeimtemperatur beträgt 16–18° C.

In mehreren Sätzen in Abständen von 3 Wochen ist der Portulak bis Oktober anzu-

bauen. Der Reihenabstand beträgt 20–30 cm, in der Reihe auf 15–20 cm vereinzeln. Der Saatgutbedarf liegt bei 8–10 g / m^2.

Samen nur schwach mit Erde bedecken (Lichtkeimer).

Die Pflanzen werden bis zu 30 cm hoch, wachsen zuerst aufrecht und später niederliegend. Geerntet werden die fleischigen Blätter und Triebspitzen vor der Blüte, da sie sonst bitter schmecken. Es gibt auch Sorten mit goldgelben und Sorten mit grünen Blättern.

Die Blütenknospen verwendet man auch als Kapernersatz.

Ernte

Die Ernte kann 3–4 Wochen nach der Saat beginnen.

Eine mehrmalige Ernte ist möglich, da die Pflanzen nachwachsen.

Die Pflanze ist frostempfindlich und einjährig.

Die Erträge liegen bei 1,5–2,5 kg / m^2 je Satz bei einmaliger Ernte.

REZEPTE

Die Blätter und Triebspitzen werden als Gewürz zu Gemüse, Salaten und Suppen gemischt oder als Gemüse wie Spinat zubereitet.

Portulak-Gemüse
Ganzes Kraut in Stücke schneiden, in Salzwasser vorkochen und in Butter dünsten.

Portulak auf Brüsseler Art
Gekochten Portulak schneiden, in Olivenöl mit Petersilie und Knoblauch dünsten, mit Milch, Brot und Eidotter vermischt aufs gefettete Backblech legen, mit Parmesan und Butterflocken bestreuen und backen.

Portulak (holländisch)
Blätter blanchieren, in Butter dünsten, würzen und mit Eidotter und Mehl binden.

Portulak in Rahm
Junge Blätter kochen, pürieren, würzen und mit Rahm mischen.

Portulak (gebacken)
Ganzes Kraut in Salzwasser kochen, mit Backteig überziehen und im Fett herausbacken.

Anmerkung: In der Volksmedizin wird der frische Preßsaft von Portulak als wirksames Mittel gegen Skorbut und Lockerwerden der Zähne eingesetzt und der Portulak-Tee als Blutreinigungstee verwendet.

Rukula *(Eruca vesicaria* Cav. ssp. *sativa* Mill.)

Eine einjährige Pflanze für Gemüse und Salate, die in den Mittelmeerländern häufig angebaut wird. Der Geschmack ist scharf und bitter. Schon im Altertum war Rukula in Verwendung.

Kultur

Die Aussaat erfolgt im Freiland von März bis Oktober in Abständen von 2–3 Wochen. Der Reihenabstand beträgt 15–25 cm, der Abstand in der Reihe 15 cm. Der Saatgutbedarf liegt bei 2–4 g / m², die Saattiefe bei 1–1,5 cm.

Ernte

Die Ernte der jungen Blätter von 10–15 cm erfolgt 4–6 Wochen nach der Saat. Es sind bis 5 Schnitte jährlich möglich. Die Erntemenge beträgt 1–2 kg / m².

REZEPTE

Die Blätter werden als Salat roh gegessen oder als Gemüse verwendet.
Die Samen werden wie Senf genützt. In Asien wird Rukula zur Ölgewinnung angebaut.
Anmerkung: Als Heilpflanze findet Rukula Anwendung wegen seiner wassertreibenden und verdauungsfördernden Wirkung.

Winterportulak *(Montia perfoliata* Howell*)*

Er wird auch Tellerkraut, Winterpostelein oder Kuba-Spinat genannt und ist in küstennahen Gebieten Nordamerikas von Mexiko, Kalifornien bis Südkanada beheimatet. Mit der Entdeckung Amerikas kam auch diese Pflanze zu uns. Ein Anbau erfolgte in Europa verstärkt in den letzten Jahren als Winterkultur in Gewächshäusern.

Kultur

Die Keimung erfolgt nur unter 12° C. Die Wachstumstemperatur liegt bei 4–8° C. Die Direktsaat erfolgt im Freiland und Gewächshaus ab September bis Ende März. Unter Schneeschutz werden bis –20° C vertragen. Der Reihenabstand beträgt 10–20 cm, die Saattiefe 1cm, die Saatmenge 1g / m². Stufensaaten sind empfehlenswert. Zur Keimung ist der Boden feucht zu halten.

Namenia

NORIC

Löwenzahn

Portulak

Rukula

Winterportulak

40

Ernte

Bereits nach 6–8 Wochen kann geerntet werden. Man schneidet die höchstens 5 cm langen Blattstiele. Nach weiteren 6 Wochen kann nochmals geerntet werden. Je nach Saatzeit sind 3–5 Schnitte möglich. Die Erträge liegen bei 1 kg / m² je Schnitt.

REZEPTE

Die Blätter werden mit den Blattstielen von 3–5 cm Länge geschnitten. Ab März kommen auch die Blüten, die ebenfalls gegessen werden können.
Die Blätter werden als Salat oder als Beilage zu Salaten verwendet. Die rohen geschnittenen Blätter werden aufs Butterbrot gestreut. Sie können auch zu Spinat gekocht werden.

SPINATGEMÜSE

Amaranth *(Amaranthus edulis Speg.)*

Amaranth ist eine eiweißreiche, einjährige Körnerfrucht. Es gibt verschiedene Arten. Einige sind Gemüsepflanzen mit Blattnutzung. Es sind dies *A. tricolor, A. hybridus, A. dubius, A. lividus.* Die Heimat liegt in Süd- und Südostasien.
Zur Samengewinnung dienen die Körnerarten: *A. caudatus, A. cruentus, A. hypochondriacus.*
Ihre Heimat liegt in Amerika.

Kultur

Die Aussaat erfolgt direkt ins Freiland oder mit Vorkultur im Gewächshaus. Die Saat erfolgt Anfang Mai, der Reihenabstand beträgt 20–30 cm, der Abstand in der Reihe 15–20 cm.(Bei Pflanzung 25 x 30 cm). Beste Kulturerfolge erzielt man im Wein / Mais-Klima oder durch die Abdeckung mit Vlies oder Folie.
Ein Anhäufeln ist notwendig, da die einjährigen Pflanzen bis mannshoch werden können und sonst leicht umfallen.

Ernte

Geerntet werden den Sommer über die Blätter und im Herbst die reifen Samen .
Es sind mehrmalige Ernten vom Sommer bis in den Oktober hinein möglich.
Die Erträge schwanken zwischen 2,5–4 kg / m².

Sorten

Tumpala, Klaroen, Bayem (auch für Gewächshaus).

Anbau im Gewächshaus: Ein Anbau im kalten oder schwach geheizten Gewächshaus mit Aussaat im Februar und März ist durchführbar.

REZEPTE

Die grünen Blätter werden wie Spinat zubereitet. Die reifen Körner werden gemahlen und wie Getreidemehl zum Kochen und Backen eingesetzt. Die Eingeborenen der Hügelstämme Asiens und der Hochländer Südamerikas rösten die reifen Körner bei 130° C ähnlich dem Popcorn. Junge Pflanzen werden auch oft als Küchengewürz herangezogen.
Anmerkung: In Indien findet Amaranth auch als Heilpflanze Verwendung.

Brennessel *(Urtica urens L., Kleine Brennessel)*
(Urtica dioica L., Große Brennessel)

Die Brennessel ist Gemüse- und Heilpflanze. Die Große Brennessel wurde bis ins 18. Jahrhundert auch als Faserpflanze angebaut.

Kultur der Kleinen Brennessel

Die Aussaat erfolgt Ende April bis Anfang Mai, der Reihenabstand beträgt 25–30 cm, der Abstand in der Reihe 15 cm. Die Saattiefe liegt bei 0,5–1,5 cm, der Saatgutbedarf bei 6–10 g / m². Die Kleine Brennessel ist einjährig.

Kultur der Großen Brennessel

Aussaat wie oben oder durch 10 cm lange Ausläufer von einer bestehenden Kultur im Abstand von 30 x 15 cm zu pflanzen. Die Große Brennessel ist eine Staude.

Ernte

Die Ernte für Gemüsenutzung erfolgt bei der Kleinen Brennessel in einer Höhe von 15–25 cm. Nicht zu tief ernten, damit die Pflanzen wieder nachwachsen können. Es sind so 4 Schnitte möglich mit einer Erntemenge von 1 kg / m² je Schnitt. In der Schweiz wird die Kleine Brennessel auch in Saatschalen kultiviert und mit einer Höhe von 10 cm verkauft. Der Konsument kann so das ganze Jahr frische Brennesselblätter zu Hause ernten. Es ist dies eine Glashauskultur bei einer Temperaturführung von 16–22° C.

Anmerkung: Die Heilpflanze wirkt harntreibend, ist Bestandteil von Blutreinigungstees und wird unterstützend bei Zuckerkrankheit verwendet, Anwendung äußerlich bei Rheumatismus.

Herstellung des Brennesseltees
2 gehäufte TL Blätter in ¹/₄ l kochendes Wasser geben und 5 Minuten kochen lassen. Schluckweise je 1 Tasse morgens und abends trinken. Brennesseltee wird von der blühenden Pflanze hergestellt.

REZEPTE

Die frischen jungen Blätter und Triebspitzen werden wie Spinat zubereitet oder roh für Salate verwendet.
Die Blätter enthalten viel Vitamin C (100–200 mg / 100 g Frischmasse) sowie Mineralstoffe wie Eisen und Kalzium.
Ältere Blätter dürfen nicht verwendet werden, da sie zu viel Gerbsäure enthalten. Sie sind für den Verzehr ungeeignet. Brennesseln sind auch Nitratsammler, daher darf Brennesselgemüse ähnlich dem echten Spinat nicht aufgewärmt werden.
Von den Wurzeln der Großen Brennessel wird Brennesselessig als Haarwasser hergestellt. Frischer Brennesselsaft wird gerne auch in Mischungen mit Apfel-, Möhren- oder Tomatensaft getrunken.

Brennesselgemüse I
Gekochte Brennesseln in Butter andünsten, mit Suppe glattrühren und 5 Minuten leicht kochen.

Brennesselgemüse II
Gekochte Brennesseln 5 Minuten in Butter dämpfen und Eidotter sowie Obers unter die Masse rühren.

Brennesselsuppe
Die gehackten Brennesseln in Fleischsuppe kurz aufkochen, würzen und mit einer Einlage je nach Wunsch servieren.

Erdbeerspinat *(Blitum capitatum* L., Ähriger Erdbeerspinat)*
(Blitum virgatum L., Echter Erdbeerspinat)*

Die beiden Arten von Erdbeerspinat sind Gänsefußgewächse und in Südeuropa sowie im Orient beheimatet. Der Anbau erfolgt als Gemüse oder aber auch als Zierpflanze. Die Pflanzen sind einjährig und werden 60–80 cm hoch. Nach der Blüte bilden sich leuchtend rote bis blutrote saftige, erdbeerartige, genießbare Früchte. Der Anbau von Erdbeerspinat wurde durch den Spinat verdrängt.

Kultur

Die Direktsaat erfolgt im Freiland vom März bis Juli. Die Reihenentfernung beträgt 25–35 cm, in der Reihe auf 8–15 cm vereinzeln, die Saattiefe liegt bei 2–3 cm. Die weiteren Pflegemaßnahmen sind wie beim Spinat. Es ist auch ein Anbau im nicht oder schwach geheizten Glashaus oder Folientunnel möglich.

Ernte

Die Ernte der jungen Blätter beginnt 3 Monate nach der Aussaat und dauert bis zur Blütenbildung. Es sind Erträge von 1,5 kg / m^2 erzielbar.

Rezepte

Die Blätter werden wie Spinat zubereitet und finden für Suppen oder roh für Salate Verwendung. Die leuchtend roten bis blutroten Früchte werden roh gegessen und für Dekorationszwecke verwendet.

Anmerkung: Als Zierpflanze im Garten, als Topf- oder Balkonpflanze beliebt.

Amaranth

Gartenmelde

Erdbeerspinat

45

Gartenmelde *(Atriplex hortensis* L.*)*

Die Gartenmelde stammt aus Südeuropa und Vorderasien. Sie ist ein Gänsefußgewächs mit hellgrünen, gelben und roten Blättern sowie Stengeln und ist wie der Mangold und die Rote Rübe mit den Römern nach Deutschland gekommen. Heute ist sie ganz vom Spinat verdrängt. Die Pflanze ist einjährig, bis 2 m groß, und wächst auf allen Standorten, sonnig bis halbschattig.

Kultur

Die Saat erfolgt im zeitigen Frühjahr mit Folgesaaten im April und Mai oder im Spätsommer und Herbst. Der Reihenabstand beträgt 20–30 cm, der Abstand in der Reihe 5 cm, der Saatgutbedarf liegt bei 1,5–2 g / m^2.
Die Saattiefe beträgt 2–3 cm. Die Gartenmelde stellt keine besonderen Ansprüche an den Boden.

Ernte

Geerntet werden die 10–20 cm großen jungen Triebe oder die Blätter von höheren Pflanzen bis zu Beginn der Blüte. Dann werden die Blätter bitter.
Je nach Erntemethode werden 2–4 kg Blätter / m^2 geerntet. Die Pflanzen nicht zur Samenreife kommen lassen, da die Samen ausfallen und im nächsten Jahr stark als Unkraut aufkommen!

Sorten

Grünblättrige Formen: Grüne Rheinische Kopfmelde, Grüne Körnersaat, Großblättrig gerippte Melde, Lees Riesenmelde.
Gelbblättrige Formen: Gelbe Körnersaat.
Rotblättrige Formen: Rotblättrige Melde, Red Spire.
Anmerkung: Die Sorten Red Spire und Green Spire sind Zierpflanzen.

REZEPTE

Als Gemüse werden die Blätter und Triebspitzen verwendet, indem sie wie Spinat gekocht werden. Die Inhaltsstoffe sind ähnlich denen des Spinats; der Oxalsäuregehalt ist jedoch geringer als beim Spinat. Beachtlich ist der Gehalt an Vitamin C mit 30–50 mg je 100 g Frischmasse.

Anmerkung: Die Gartenmelde zieht Blattläuse an und kann diese von anderen Pflanzen abhalten.
Einige Melden-Pflanzen zwischen dem Gemüse sind Fangpflanzen für Blattläuse.

Garten-Sauerampfer *(Rumex acetosa L.)*

Der Garten-Sauerampfer gehört zur Familie der Knöterichgewächse (wie auch der Rhabarber) und stammt aus Südeuropa und Westasien. Er kommt in ganz Europa, Nordamerika und Chile verwildert vor. Beachtlich ist der hohe Gehalt an Eisen, Kalzium und Vitamin C.

Kultur

Die Pflanze ist mehrjährig, frosthart und treibt im Frühjahr immer wieder aus. Ein Anbau ist auch im Schatten möglich. Die Aussaat erfolgt im zeitigen Frühjahr (März bis Mai) oder August im Freiland an Ort und Stelle. Der Reihenabstand beträgt 25–30 cm, in der Reihe auf 10–15 cm vereinzeln. Der Saatgutbedarf liegt bei 2 g / 10 m², die Saattiefe beträgt 2–3 cm. Es ist auch eine Vorkultur mit späterer Verpflanzung möglich. Für 1.000 Jungpflanzen rechnet man 8–10 g Saatgut. Ältere Sauerampferpflanzen können auch geteilt und neu verpflanzt werden. Die Blütenstiele sollten, sobald ersichtlich, entfernt werden.

Ernte

Die Ernte beginnt, wenn sich 5–6 echte Laubblätter entwickelt haben. Im Saatjahr ist dies im Juni, und in den Folgejahren erntet man von April bis November. Die Ernte kann laufend erfolgen. Durchtreibende Blütenstände sind zu entfernen. Die Erträge liegen bei 1,5–2,5 kg / m².

REZEPTE

Die jungen Blätter können laufend geerntet werden, wenn sie 5–10 cm groß sind. Die Herzblätter bleiben für den Neuaustrieb stehen. Die rohen Blätter ergeben einen guten Salat oder man kocht sie wie Spinat. Sie werden auch als Gewürz oder als Beigabe zu Salaten und Suppen verwendet.

Frankfurter Grüne Sauce
Sauerampfer mit anderen Frischkräutern, wie Petersilie, Kerbel, Borretsch, Schnittlauch, Pimpinelle und Kresse, klein hacken und mit Joghurt, Sauerrahm oder Mayonnaise abrühren und mit Zitronensaft und Senf sowie Salz und Pfeffer abschmecken und mit hartgekochten Eiern servieren.

Sauerampfersuppe
Feingehackte Zwiebeln in Butter anrösten und Haferkleieflocken zugeben, durchschwitzen lassen. Mit Wasser auffüllen und gehackte Sauerampferblätter zufügen. 10 Minuten leicht kochen lassen und mit Sauerrahm sowie Eigelb verfeinern, mit Salz und Muskat würzen.

Sauerampfer als Beilage
Sauerampfer schneiden. Eine helle Einbrenne mit wenig Milch aufgießen; Sauerampfer zugeben, salzen, abschmecken und gar kochen.

Sauerampfer mit Spiegeleiern
Sauerampfer in Salzwasser weich kochen. Süßrahm mit etwas Mehl gut verrühren, unter den Sauerampfer mischen und aufkochen. Salzen und abschmecken. Mit einem Löffel Nester von oben eindrücken und die Eier einzeln hineinschlagen. Leicht salzen, pfeffern, das Eigelb mit Käse bestreuen. Bei mittlerer Hitze überbacken, bis der Käse geschmolzen und das Eiweiß hart ist.

Anmerkung: Sauerampfer wirkt blutreinigend, entschlackend und wegen des hohen Eisengehaltes blutbildend.

Guter Heinrich *(Chenopodium bonus henricus L.)*

Er ist eine Gemüsepflanze, die bereits im Altertum bekannt war. Seine Heimat liegt im östlichen Mittelmeergebiet, wurde jedoch vom Gartenspinat stark zurückgedrängt. Der Gute Heinrich ist mehrjährig und mit dem Gartenspinat nahe verwandt.

Kultur

Die Aussaat erfolgt im Freiland an Ort und Stelle oder als Vorkultur auf Freilandsaatbeeten mit nachfolgender Verpflanzung. Die Saat geschieht Anfang April bis Mitte Mai und von Mitte August bis Anfang Oktober. Die Reihenentfernung beträgt 40–60 cm und der Abstand in der Reihe 20–35 cm.
Die Nutzungsdauer liegt bei 5–6 Jahren. Der Gute Heinrich stellt keine besonderen Ansprüche an Klima und Boden.

Ernte

Die Ernte der jungen Blätter erfolgt im Frühjahr, bis zum Beginn der Blüte. Die Ernte der Schößlinge (Triebe) mit einer Länge von 10 cm beginnt Ende März bis Anfang April. Zwischen den Blättern befinden sich Blütenknospen, die ab dem zweiten Jahr geerntet werden können. Die Erträge liegen bei 1,5–2 kg Blätter, 0,6–0,7 kg je m² Schößlinge und 0,3 kg je m² Blütenknospen.

REZEPTE

Genutzt werden die Blätter, die leicht fleischig verdickt und mehlig bestäubt sind. Sie werden wie Spinat zubereitet oder Mischungen mit anderem Kochgemüse beigefügt. Auch der Rohgenuß der Blätter als Salat ist möglich.

Garten-Sauerampfer

Guter Heinrich

Malabarspinat

Mangold

In England wird der Gute Heinrich als Spargelersatz verwendet; dazu werden die Triebe angehäufelt und gebleicht.

Die Blütenknospen sind ebenfalls zu verwenden, und zwar roh in Salaten, sie schmecken sehr delikat. Der Vitamin C-Gehalt zwischen 159 und 230 mg / 100 g Frischmasse ist mit Paprika oder Blattpetersilie vergleichbar.

Malabarspinat *(Basella alba* L. und *Basella rubra* L.)

Malabarspinat, auch Indischer Spinat genannt, stammt aus dem südlichen Asien und wird heute in den Tropen und Subtropen Asiens, in Afrika und Amerika angebaut. Er ist ausdauernd, rankend (3–5 m lang) und besitzt grüne oder rote Blätter und Stiele.

Kultur

Der Anbau erfolgt im Freiland nur im Weinbaugebiet. Die Pflanzung geschieht Mitte Mai mit vorkultivierten Pflanzen (Saat Mitte März bei 24–26° C). Der Reihenabstand beträgt 40–50 cm, der Abstand in der Reihe 20–25 cm. Eine Abdeckung mit Vlies oder Folie ist vorteilhaft. Eine Vermehrung ist auch über Stecklinge möglich. Zum Ranken werden Stäbe gesetzt oder ein Spalier aufgezogen.

Ernte

Die Ernte der Blätter und Triebspitzen beginnt 5–8 Wochen nach der Pflanzung und ist bis in den Herbst laufend durchführbar. Die geernteten Triebspitzen sollen 10–30 cm lang sein.

REZEPTE

Die fleischigen Blätter und Triebspitzen werden wie Spinat zubereitet. Der Vitamin C-Gehalt ist hoch und liegt bei bis zu 166 mg / 100 g Frischmasse. Desgleichen findet man auch einen hohen Gehalt an Eisen und Kalzium.

Die Blätter können auch roh gegessen werden.

Anmerkung: Der Saft der Früchte wurde als Farbstoff für Kosmetika und Lebensmittel sowie als Tinte verwendet.

Mangold

(Beta vulgaris L. ssp. *vulgaris* var. *cicla* L.= Schnitt- oder Blattmangold*)*
(Beta vulgaris L. ssp. *vulgaris* var. *flavescens* DC = Stielmangold*)*

Man unterscheidet zwischen Schnitt- oder Blattmangold, der wie Spinat zubereitet wird, und Stielmangold – auch Krautstiel genannt –, der wie Spargel in der Küche zubereitet wird.

Die Stiele des Stielmangolds sind rot, weiß, gelbgrün oder cremefarbig. Die Pflanze wird bis zu 60 cm hoch.

Die Pflanzen vom Blattmangold sind kleiner, mit schmäleren Stielen und kleineren Blättern. Mangold ist winterhart; im zweiten Jahr bringt die Pflanze auch Blütenstände.

Kultur

Bei Schnittmangold erfolgt die Direktsaat ab Mitte April. Der Reihenabstand beträgt 20–30 cm, der Abstand in der Reihe 5 cm. Der Saatgutbedarf liegt bei 2–3 g / m². Folgesätze sind bis Mitte Juli auszusäen.

Bei Stielmangold erfolgt die Direktsaat im Frühjahr mit 30–40 cm Reihenabstand und einem Abstand in der Reihe von 20–30 cm. Die Ausaat sollte nicht vor Mitte April erfolgen, da sonst Schoßergefahr besteht. Der Saatgutbedarf beträgt 1,2–1,5 g / m².

Die Saattiefe bei beiden Mangoldarten liegt bei 3–4 cm.

Ernte

Bei Stielmangold werden die äußeren Blattrippen abgebrochen. Die Rippenlänge beträgt bis zu 30 cm und die Breite 5–8 cm. Die Erntemenge liegt bei 8–9 kg / m² bei drei Erntegängen.

Die Erträge können bei vier Ernten auf bis zu 11 kg / m² gesteigert werden. Die Ernte ist bis zum Frost möglich.

Die Ernte bei Blattmangold erfolgt unter Schonung der Herzblätter nach 8 Wochen ab der Saat und dauert bis in den Herbst. Die Pflanze treibt wieder aus und bringt so drei Ernten. Der Ertrag liegt bei 1,5 kg / m² je Ernte. Der Mangold ist winterhart und treibt im Frühjahr wieder aus.

Sorten

Stielmangold: Glatter Silber, Krauser Silber, Walliser, Verte a carde blanche.
Rotstielig: Feurio, Vulkan, Rotstiel, Rhubarb Chard.
Blattmangold: Paros, Grüner Schnitt.
Doppelnutzung: Lukullus.

Rezepte

Die Mangoldblätter werden wie Spinat zubereitet. Die Stiele vom Stielmangold kocht man wie Spargel oder Schwarzwurzel.

Mangoldcremesuppe
Mangoldblätter in 2 cm breite Streifen schneiden und ca. 35 Minuten weich kochen, fein pürieren, Süßrahm unterziehen, zerkleinerten Roquefort hinzufügen und noch ca. 5 Minuten ziehen lassen.

Mangold-Frösche

Die Mangoldstiele in kleine Stücke schneiden und in Butter mit Zwiebel andünsten, mit Mehl stauben und ca. 15 Minuten dünsten, abkühlen lassen und mit zerbröckeltem Schafkäse vermischen. Die Mangoldblätter werden ganz kurz gedünstet, auf einer Arbeitsfläche ausgebreitet, mit der Käse-Mangold-Mischung eingerollt und seitlich eingeschlagen. In einer befetteten Auflaufform im Backrohr bei 175° ca. 15–20 Minuten garen.

Anmerkung: Stielmangold läßt sich den Winter über auch in beheizten Glashäusern abtreiben. Dazu werden die Wurzelstöcke im Herbst ausgegraben und in Sand oder Wasser bei Temperaturen von 15–18° C aufgestellt. Nach ca. 6 Wochen Treibdauer beginnt die Ernte.

Eine Kultur ist auch im unbeheizten Gewächshaus und Folientunnel möglich. Dazu wird im Juli gesät und im August bis Mitte September gepflanzt. Die Ernte erfolgt dann April bis Mai des folgenden Jahres. Der Pflanzabstand beträgt 30 x 40 cm.

Neuseeländer Spinat *(Tetragonia tetragonioides* O. Kuntze*)*

Dieses Spinatgemüse stammt aus Neuseeland und Australien und kam im 18. Jahrhundert nach Europa; es wurde als Spinatersatz im Sommer angebaut. Heute ist bei uns Neuseeländer Spinat fast vergessen. Er ist eine mehrjährige Pflanze, die jedoch als Gemüse nur einjährig, vorwiegend im Liebhabergarten, angebaut wird. Der Neuseeländer Spinat ist besonders geeignet für den Sommeranbau, da die Pflanze schoßfest und sehr krankheitsresistent ist. Neuseeländer Spinat ist nicht mit unserem Gartenspinat verwandt.

Kultur

Die Aussaat erfolgt im Freiland ab Ende April oder es wird eine Vorkultur in geschützter Kultur gezogen und die Pflanzung ab Mitte Mai vorgenommen. Das Saatgut ist 24 Stunden vorzuquellen. Der Reihenabstand beträgt 70–80 cm, der Abstand in der Reihe 30–40 cm (Pflanzenanzahl 2–4 pro m^2). Die Saattiefe liegt bei 2–3 cm, der Saatgutbedarf bei 4–5 g / m^2 bei Direktsaat. 1 g Saatgut reicht für 10 Pflanzen. Nicht vor Mitte Mai auspflanzen, da die Pflanzen frostempfindlich sind. Eine Abdeckung mit Vlies ist vorteilhaft.

Ernte

Die Ernte beginnt Ende Juni / Anfang Juli und dauert bis zum Herbstfrost. Es werden die Triebspitzen von 10 cm Länge mit 4–5 Blättern geschnitten. Eine laufende Ernte ist möglich. Man kann 2–4 kg / m^2 ernten. Für eine Kopfdüngung und Bewässerung in den Monaten Juli und August ist zu sorgen.

Reisspinat

Speise-Chrysantheme

Neuseeländer Spinat

REZEPTE

Die jungen Triebe und Blätter werden zu Spinat verkocht bzw. die jungen zarten Blätter auch roh als Salat gegessen.

Reisspinat *(Chenopodium quinoa* Willd.)

Reisspinat oder auch Peru-Spinat wächst in den Bergregionen Perus und Boliviens bis 4500 m Seehöhe. Die Pflanze ist einjährig, wird bis 2 m hoch und gehört zu den Gänsefußgewächsen. Die frischen Blätter und die Körner werden genutzt. Die Körner schmecken reisähnlich und dienen in ihrer Heimat als Hauptnahrung.

Kultur

Die Aussaat erfolgt Anfang März bis Anfang April. Die Reihenentfernung beträgt 20–35 cm, die Saattiefe 2–3 cm. Der Saatgutbedarf liegt bei 1–2 g / m². Die Vegetationszeit beträgt 120–180 Tage für die Ernte von reifen Samen. Beim Frühanbau können die Blätter ab Juni geerntet werden.

Sorten

Blanca Real, Garci Mendoza.

REZEPTE

Die Blätter werden als Spinat zubereitet sowie als Beilagen für Suppen und Eiergerichte verwendet. Die reifen Samen dienen zur Bereitung von Fertiggerichten, wie Müsli, Suppen, Aufläufe, Backwaren und reisähnlichen Gerichten.
Reife Samen werden auch zu Mehl gemahlen, aus dem Brot gebacken wird.
Die alten Sorten enthalten Bitterstoffe, die neuen Sorten sind jedoch frei von solchen.

Speise-Chrysantheme *(Chrysanthemum coronarium* L.)

Sie ist eine Chrysantheme, die als Gemüse angebaut wird, aus der Familie der Korbblütler stammt und im Mittelmeergebiet beheimatet ist. Sie ist besonders in Japan, China, Korea, Malaysia und Indien geschätzt unter dem Namen „ Chop Suey".

Kultur

Die Aussaat ins Freiland erfolgt Mitte bis Ende März. Der Reihenabstand beträgt 20–30 cm, der Abstand in der Reihe 8–12 cm. Die Saattiefe liegt bei 2 cm, der Saatgutbedarf bei 1–1,2 g / m². Auch eine Pflanzung nach Vorkultur ist möglich. Der gewünschte Temperaturbereich für die Aussaat liegt bei 8–14° C.

Ernte

Geerntet werden die Triebe, wenn sie eine Höhe von 10–25 cm erreicht, aber noch keine Blütenknospen angesetzt haben. Dies ist erstmals 30–40 Tage nach der Saat möglich. Die Ernte dauert bis November, da die Pflanze nach dem Schnitt immer wieder nachwächst. Läßt man die Pflanzen durchwachsen, kann man ab Juli die Blüten ernten. Die Speise-Chrysantheme ist einjährig.

Sorten

Chopsuey Green.

REZEPTE

Die jungen Triebe von 10–20 cm Länge werden wie Spinat zubereitet, oder man verwendet die Blätter zum Garnieren von Gerichten wie die Petersilie.
Die Blätter können auch roh als Salat zubereitet werden.
Die Blüten werden in Öl gebacken oder vorher in Bierteig getaucht. Sie können auch roh zum Garnieren verwendet werden.
Die Speise-Chrysantheme hat einen hohen Gehalt an Vitaminen und Mineralstoffen: 45 mg Vitamin C, 0,3 mg B2, 2,97 mg Carotin und 4,2 mg Eisen jeweils je 100 g Frischmasse.

Anmerkung: Eine österreichische Journalistin, die längere Zeit im Ferneren Osten lebte, berichtete:„ Die lieblichste der Göttinnen aus dem Lande der Apsaras hat den Menschen auf der Erde Blumen gebracht und sie gelehrt, diese zu essen, und die Menschen säten den Samen und zogen die Pflänzchen. Als sich wunderhübsche kleine, chrysanthemenähnliche Blüten zeigten, wußten sie, daß sie ernten konnten; und sie brachen die kleinen Blütenköpfe ab, wuschen sie, warfen sie nur 1 Minute lang in ganz wenig wallendes Wasser. Dann zogen sie die Töpfchen vom Herd und fügten – falls ein weibliches Wesen diese Delikatesse essen sollte – etwas Salz und Sojasauce bei, und nur für den Mann wanderte etwas gemahlene Ingwerwurzel dazu.
Dann hoben sie die weichgedämpften Blüten mit einem Sieb heraus, legten sie auf körnigen Wasserreis, ohne die beiden Köstlichkeiten zu mischen, und gossen etwas heiße Butter oder heißes weißes Öl darüber. Mit den langen spitzen Stäbchen führten sie sich die göttliche Delikatesse zu Munde, verzehrten sie geschlossenen Auges und spürten ihre Liebesfähigkeit. Ihre Freude an schönen Stunden wuchs ins Ungeahnte.“

STIELGEMÜSE

Bleichsellerie *(Apium graveolens* L. var. *dulce* [Mill.] Pers.)

Bleichsellerie oder Stangensellerie bildet keine Knollen aus, sondern um so breitere und dickere Blattstiele von weißer, gelber, dunkelgrüner bis violetter Farbe. Die Wildform des Sellerie ist weltweit verbreitet. Kultiviert wurde der Bleichsellerie im Altertum von Griechen und Römern. Heute wird Bleichsellerie in Südwesteuropa, Japan und in englischsprachigen Ländern angebaut.

Kultur

Der Anbau erfolgt mit vorkultivierten Pflanzen ähnlich wie beim Knollensellerie. Die Pflanzzeit ist ab Anfang April (mit Vlies- oder Folienabdeckung) bis Mitte Juli. 1 g Saatgut ergeben ca. 1.200 gute Sämlinge. Der Pflanzabstand beträgt 40 x 35 cm.
Die Jungpflanzenanzucht von Bleichsellerie ist einfach. Im März, Anfang April, wird in einem Blumentopf der feine Samen ausgestreut und nur ganz leicht mit Erde abgedeckt. Bleichsellerie ist ein Lichtkeimer. Das Saatgut kann zum besseren Aufgang 24 Stunden bei 30° C einer Warmwasserbehandlung unterzogen werden. Den Topf warm und hell aufstellen, aber keiner direkten Sonneneinstrahlung aussetzen. Die Keimung erfolgt in 14 Tagen. Die Sämlinge werden im Abstand von 5–6 cm in Kistchen oder einem 4 cm-Topf pikiert. Temperatur von 16° C einhalten. Für die späteren Pflanzungen sind Aussaaten bis Mitte Mai möglich.

Ernte

Die Ernte beginnt Ende August. Ein Bleichen der Pflanzen durch Zusammenbinden ist bei den neueren Sorten nicht mehr nötig. Die Ernte ist bis in den Oktober hinein möglich; Bleichsellerie verträgt Temperaturen bis –5° C. Der Ertrag liegt bei 4–6 kg / m².

Sorten

Goldener Schuß, Golden Spartan, Tall Utah, Utah, Bejo 1437, Latham, White Pascal, Giant Pink (rotgetönte Blattstiele).

REZEPTE

Die Blattstiele werden mit einer Länge von 25–35 cm geerntet. Die Stiele werden roh gegessen oder in Salzwasser gekocht und mit zerlassener Butter übergossen.

Bleichsellerie in Butter
Die Bleichselleriestiele werden zusammen mit Karotten und Zwiebelscheiben gedünstet, bis man die Stiele leicht durchstechen kann. Beim Anrichten übergießt man mit zerlassener Butter.

Bleichsellerie-Suppe
Bleichsellerie in feine Streifen schneiden und ca. 10 Minuten in der Suppe kochen lassen, würzen und einige Minuten ziehen lassen.

Bleichsellerie-Salat
Die Blattstiele werden in dünne Scheiben geschnitten und roh wie Salat zubereitet.

Anmerkung: Bleichsellerie wurde bis ins 16. Jahrhundert als Arzneipflanze eingesetzt.

Cardy *(Cynaria cardunculus L.)*

Cardy ist nahe verwandt mit der Artischocke, doch werden beim Cardy die gebleichten Blattstiele gegessen. Die Kultur erfolgt – als Gemüse angebaut – einjährig, ansonsten ist die Pflanze ausdauernd.

Kultur

Wie die Artischocke ist auch Cardy wärme- und wasserbedürftig und ist bei uns nicht frosthart. Die Aussaat erfolgt im Freiland Mitte Mai je 3–4 Korn 3 cm tief im Abstand von 1 x 1 m. Es ist zweckmäßiger, eine Pflanzenanzucht in geschützter Kultur mit Auspflanzung Mitte Mai durchzuführen. Der Saatgutbedarf beträgt 2 g / 10 m^2.

Ernte

Das Bleichen der Blattstiele erfolgt ab Ende August: Man bindet die Pflanze locker zusammen und umwickelt mit schwarzer Folie. Nach 2–3 Wochen kann die Ernte der gebleichten Stiele erfolgen. Bei mehrjähriger Kultur schneidet man die verwelkten Blätter über dem Boden ab und deckt mit Stroh, Laub oder Torf ab. Der frische Austrieb im Frühjahr erfolgt mit gebleichten Stielen.
Man kann auch den ganzen Wurzelballen ausgraben, im Keller einschlagen und im Frühjahr zum Austrieb bringen.
Erntemenge 3–4 kg / 10 m^2.

Sorten

Cardy von Tours, Plein blanc inerme, Vert inerme, Blanc amélioré.

REZEPTE

Als Gemüse werden die gebleichten Blattstiele ohne Blätter genutzt. Die Stiele werden geputzt, die Haut abgezogen, in Essigwasser gekocht, um die Schwarzfärbung zu verhindern, in 10 cm lange Stücke geschnitten und wie Spargel weiter zubereitet.

Anmerkung: Cardy enthält Inulin und ist daher besonders für Zuckerkranke geeignet.

Knollenfenchel *(Foeniculum vulgare* Mill. ssp. *vulgare* var. *azoricum* Thell.)*

Der Knollenfenchel ist ein Gewächs aus dem Mittelmeergebiet und Vorderasien und gehört zur Familie der Doldenblütler. Er bildet oberirdische Zwiebeln, die als Gemüse gegessen und fälschlicherweise Knollen genannt werden.
Der Anbau erfolgt heute weltweit.

Kultur

Die Aussaat erfolgt ins Freiland an Ort und Stelle oder es wird eine Pflanzung mit vorgezogenen Jungpflanzen vorgenommen. Aussaattermine Anfang April bis Mitte Juli entsprechen Pflanzterminen von Mitte Mai bis Anfang August. Bei Vlies- oder Folienabdeckung ist bereits ab Anfang März die Aussaat möglich, mit einer entsprechenden Pflanzung Mitte April.
Der Reihenabstand beträgt 40–50 cm und der Abstand in der Reihe 15–20 cm. Die Saattiefe liegt bei 2 cm. Der Saatgutbedarf beträgt 5 g / 10 m². Bei den einzelnen Anbauterminen muß man die entsprechenden Sorten berücksichtigen, da diese sonst ohne Zwiebelbildung schossen.
Ein Anbau im Glashaus oder Folientunnel ist ebenfalls möglich. Pflanztermine sind hier Ende Februar bis Mitte April mit einem Abstand von 30 x 25 cm und Ende August bis Anfang September. Temperaturbereich 15–18° C (Temperaturminimum 7° C).

Ernte

Bei der Ernte werden die Zwiebeln samt den Wurzeln herausgenommen und diese knapp unter der Zwiebel abgeschnitten. Die Blattstiele kürzt man auf 5–8 cm so ein, daß die Herzblätter an der Zwiebel verbleiben. Erntebeginn liegt bei einem Pflanztermin von Mitte April ca. Anfang Juli. Erntebeginn beim letzten Aussaattermin Anfang Juli ist ca. Mitte Oktober.
Die Erträge liegen bei 2 kg / m². Eine Einwinterung der geernteten Knollen im Keller ist möglich.

Sorten

Ganzjahresanbau: Zefa-Fino, Argo, Selma, Bejo 1441.
Sommeranbau (20. 6.–15. 7.): Atos, Zefa-Tardo, Sirio, Cantino, Carmo, Domino, Heracles, Latina.

REZEPTE

Die Zwiebeln der Knollenfenchel werden roh oder gekocht als Gemüse gegessen. Sie sind leicht verdaulich und eignen sich als Diätgemüse.

Knollenfenchel ist reich an Vitamin C und Provitamin A sowie den Mineralstoffen Kalium, Magnesium und Eisen. Der spezifische Geschmack und Geruch des Knollenfenchels wird von ätherischen Ölen hervorgerufen.

Knollenfenchel-Salat
Die Knollenfenchel werden fein geschnitten und roh mit etwas Zwiebel, Schnittlauch, feingehackten Kräutern und Salatmarinade oder Mayonnaise vermischt und je nach Geschmack mit Tomatenscheiben, grünem Salat, Gurken oder Sellerie angerichtet.

Gebratene Knollenfenchelscheiben
Die gewaschenen Knollenfenchelscheiben abtropfen lassen, salzen und in eine Pfanne mit heißem Öl legen. Nicht zu lange liegen lassen, da sie sehr rasch braun werden; mehrmals wenden, denn sie sind in 10 Minuten weich. Mit Zitronensaft beträufeln, auf einer heißen Platte anrichten, mit gehackter Petersilie bestreuen.

Knollenfenchel in Butter
Knollenfenchel in kochendes Wasser geben, so daß sie eben bedeckt sind. Nach ca. 15 Minuten sind sie weich. Anschließend aus dem Wasser nehmen, heiß stellen und mit zerlassener Butter übergießen.

Knollenfenchel (italienisch)
Knollenfenchel in 2 cm dicke Scheiben schneiden, in wenig Salzwasser dünsten, in Omelettenteig tunken und herausbacken.

Meerkohl *(Crambe maritima L.)*

Meerkohl ist mehrjährig, wird bis zu 75 cm hoch, mit weißen Blüten, und gehört zur Familie der Kohlgewächse. Seine Heimat befindet sich an den Meeresküsten von Westeuropa und dem Schwarzen Meer. Heute wird Meerkohl in England und Frankreich angebaut.

Kultur

Die Aussaat ins Freiland erfolgt im Frühjahr oder im Herbst. Eine Vorkultur mit Verpflanzung ins Freiland im Abstand von 50 x 50 cm oder 60 x 60 cm ist vorteilhaft. Die Vorkultur erfolgt im Gewächshaus oder im Freiland in Saatbeeten mit einem Reihenabstand von 20–25 cm, die Saattiefe beträgt 2-3 cm. Nach 5–6 Wochen haben die Pflanzen 4–5 Blätter und können verpflanzt werden.
Die Vermehrung kann auch mit Wurzelstücken erfolgen. Dazu werden die Wurzeln im Frühjahr mit 1–1,5 cm Durchmesser auf 10–15 cm Länge geschnitten und gepflanzt. Das obere Wurzelstück sollte 3 cm unter der Erde sein.

Bleichsellerie

Cardy

Knollenfenchel

Meerkohl

Die Blütentriebe sind sofort zu entfernen, um eine Samenbildung zu vermeiden und die Pflanzen dadurch nicht zu schwächen. Im Herbst entfernt man die abgestorbenen Blätter.

Gegessen werden die gebleichten Blattstiele. Ab dem dritten Jahr können die Pflanzen gebleicht abgetrieben werden. Im Frühjahr werden die Pflanzen mit Erde 20–30 cm angehäufelt oder mit Laub, Stroh oder schwarzer Mulchfolie abgedeckt. Zum Abdecken können auch Eimer oder Gefäße mit einer Mindesthöhe von 40 cm und einem Mindestdurchmesser von 30 cm herangezogen werden.

Ernte

Die gebleichten Blattstiele werden mit dem Messer mit einer Länge von 15–30 cm Länge geschnitten, wenn sich die Blattspreiten zu entfalten beginnen. Die Ernte fällt in die Monate März und April. Sie kann so 6–8 Jahre erfolgen. Die Erträge liegen bei 1–2 kg / m² jährlich. In England werden auch spezielle Bleichgefäße im Handel angeboten.

Nach der Ernte wird die Kultur weiter durchgeführt, um im nächsten Frühjahr wieder für die Treiberei bereitzustehen.

Treiberei von Meerkohl

Die Pflanzen werden im Oktober ausgegraben, die Wurzeln auf 15 cm Länge eingekürzt und über den Winter, je nach benötigtem Bedarf, bei 10–16° C ca. 25–30 Tage dunkel abgetrieben.

REZEPTE

Die gebleichten Blattstiele werden wie Spargel zubereitet oder roh zu gemischten Salaten gegessen. Der Vitamin C-Gehalt liegt bei ungebleichten Blattstielen bei 209 mg und bei gebleichten Blattstielen bei 82 mg in 100 g eßbarem Anteil.

Schnittsellerie *(Apium graveolens* L. var. *secalinum* Alef.)*

Zum Unterschied zu Knollensellerie und Bleichsellerie bildet sich beim Schnittsellerie eine Blattrosette mit gefiederten Blättern.

Kultur

Die Direktsaat erfolgt ins Freiland im Reihenabstand von 15 cm mit 4–6 g / 10 m² Saatgut.

Ernte

Die Ernte beginnt Ende Juli und erfolgt laufend bis Anfang Oktober. Es sind vier Schnitte möglich. Die Erntemenge beträgt 6–12 kg / m².

Sorten

Amsterdamer Dunkelgrüner, Feiner Amsterdamer, Afina, Aromatischer, Gewöhnlicher Schnitt.

Anbau im Gewächshaus

Die Saat erfolgt Ende Juli, die Pflanzung Ende August in einem Abstand von 30 x 15 cm. Die Temperaturführung beträgt über den Winter mindestens 5° C. Die Ernte erfolgt Anfang Oktober bis Anfang März. Die Erträge liegen bei ca. 5 kg / m².

REZEPTE

Die Blätter dienen als Würzmittel für Salate, Suppen, Saucen und Gemüse.
Sie können für den Wintervorrat auch getrocknet werden.

WURZEL- UND KNOLLENGEMÜSE

Erdmandel *(Cyperus esculentus* L.)

Die Erdmandel, eine Pflanze aus der Familie der Gräser, ist eine alte Kulturpflanze und war bereits zwei Jahrtausende vor der Zeitrechnung den Pharaonen bekannt. Die Araber brachten sie nach Sizilien und Spanien; heute findet man einen Erwerbsanbau in Sizilien, Spanien (Valencia) und Südrußland. Die ersten Berichte von Versuchsanbauten in Deutschland stammen aus dem Jahre 1936.

Kultur

Der Anbau ist sehr einfach und in unserem Klima gut durchführbar.
Die Knöllchen des Vorjahres werden Mitte Mai in Horste von 6–8 Stück ca. 3–5 cm tief ausgelegt. Der Reihenabstand beträgt 45–60 cm, der Abstand der Horste in der Reihe ca. 45 cm. Eine Vorkultur in geschützter Kultur mit Auspflanzung ins Freiland ist möglich. Die Knöllchen werden vor dem Auslegen einige Tage ins lauwarme Wasser gelegt.

Ernte

Die Ernte der Knöllchen erfolgt von Ende September bis Mitte November. Die Knöllchen sind Verdickungen an den unterirdischen Ausläufern und sind ca. 2 cm groß. Der Ertrag liegt bei 2,5–3,5 kg / 10 m². Die Knöllchen für den Anbau im nächsten Jahr werden frostfrei überwintert.
Die im Boden verbleibenden Knöllchen erfrieren.

REZEPTE

Die Erdmandel wird roh oder angeröstet als Mandelersatz verwendet. Die Knöllchen werden gewaschen, müssen aber nicht geschält werden.
In Spanien wird aus den Erdmandeln das Getränk „horchata de chufa" bereitet.
Die Knöllchen enthalten 20–24 % Fett und werden auch zu Öl gepreßt. Dieses Öl enthält einen hohen Anteil ungesättigter Fettsäuren und hat einen nußähnlichen Geschmack.

Anmerkung: Die alten Ägypter und Römer haben bei Nerven- und Magenleiden die Erdmandel als Heilpflanze eingesetzt.

Ingwer *(Zingiber officinale* Rosc.)

Ingwer ist ein sehr altes Gewürz der Inder und Chinesen. Seine Heimat liegt in den tropischen Regenwäldern Südostasiens. Bereits im Altertum gelangte Ingwer auch nach Europa.
Heute wird er in zahlreichen tropischen Gebieten kultiviert.

| Erdmandel | Ingwer |

Der Ingwer ist eine mehrjährige Staude, 1–1,5 m hoch. Blattlose Stiele von ca. 30 cm Länge tragen am Ende die Blütenstände mit gelben Einzelblüten und roter Lippe. Der Wurzelstock (Rhizom) hat die Form einer geschwollenen Hand und kann eine Länge bis 50 cm erreichen.

Kultur

Der Anbau erfolgt durch Rhizom-Teilstücke (3–5 cm lang und mit 3–4 „Augen" = Knospen). Ein Anbau ist bei uns unter Glas und als Kübelpflanze möglich, wo er sehr dekorativ wirkt. Bei einem Anbau unter Glas sollten Temperaturen von 25–30° C gehalten werden können.

REZEPTE

In Indien und China ist Ingwer eine der ältesten Gewürz- und Arzneipflanzen. Ingwer ist Bestandteil vieler Gewürzmischungen. Rhizom-Stücke verwendet man beim Konservieren von Gemüse, bei der Herstellung von Kompotten, Konfitüren und

Säften. Durch Destillation gewinnt man ein ätherisches Öl als Geschmackszusatz bei Süßwaren und in der Parfumindustrie.

Es können auch die jungen Blüten und das Mark der jungen Stengel gegessen werden. Ginger-Ale (= Ingwer-Bier) wird in England aus Ingwer-Rhizomen hergestellt. Verwendung in der Küche als Gemüse: Die Rhizome werden gewaschen, manchmal geschält, in Scheiben geschnitten und mit den Gerichten mitgegart.

Ingwer-Apfel-Sauce

250 g Apfelmus, 3 EL Mayonnaise und 2 Stück kandierter Ingwer (oder gemahlener Ingwer), der fein geschnitten wird, zusammenmischen. Kalt servieren.

Ingwerbrot

(Kuchen aus England): 100 g Butter, 100 g Zucker, 1 Ei, 250 g Mehl, 250 g Honig, 1 TL gemahlener Zimt und Ingwer, $1 \frac{1}{2}$ TL Backpulver, $\frac{1}{2}$ TL Nelkenpfeffer, $\frac{1}{8}$ l heißes Wasser und Salz zu einem Teig abrühren und ca. 60 Minuten bei 180° backen.

Ingwer-Keks

250 g Mehl, 1 Ei, 125 g Butter, 65 g Zucker, 50 g kandierte Ingwerfrüchte, 1 Packung Vanillezucker und Salz zu einem Teig kneten und im Kühlschrank 30 Minuten rasten lassen. Den Teig dünn ausrollen, Kekse ausstechen und bei 200° ca. 30 Minuten backen.

Ingwer-Kürbis

2 kg in Würfeln geschnittenen Kürbis über Nacht in 2 l Wasser mit $\frac{1}{4}$ l Weinessig in einer Schüssel stehen lassen. Dann die Kürbiswürfeln in einer Lösung aus $\frac{3}{4}$ l Wasser, $\frac{3}{4}$ l Weinessig, 1,5 kg Zucker, 1 Zimtstange und einem großen Stück Ingwer glasig kochen. Kalt in Gläser füllen und bei 80° ca. 25 Minuten im Warmwasserbad kochen (Gläser stehen bis zur Hälfte im Wasser).

5 Minuten abkühlen lassen und Deckel aufsetzen.

Ingwer-Reis

2 Ingwer-Rhizome (ca. 40 g) in schmale Streifen schneiden und mit Butter anrösten; 250 g Reis sowie 2 l Wasser zugeben und garen.

Gewürz-Meerkohl *(Crambe tataria Sebeok)*

Er ist eine mehrjährige Pflanze aus der Familie der Kohlgewächse, beheimatet in Südwestsibirien, dem Schwarzen Meer, Bulgarien, Serbien und Südmähren.

Kultur

Die Saat erfolgt August bis September mit einem Reihenabstand von ca. 60–70 cm und in der Reihe 15 cm.

Ernte

Die Ernte erfolgt im Herbst des nächsten Jahres. Zur Ernte haben die Wurzeln einen Durchmesser von 3–4 cm. Die Pflanzen können auch weitere Jahre stehen bleiben, wobei die Wurzel immer stärker wird und die Seitenwurzeln ebenfalls mit einer Stärke von 2–3 cm nutzbar sind. Die Erträge liegen bei 80–100 dt / ha. Meerkohl beginnt meist im dritten Jahr in Blüte zu gehen.

Rezepte

Die fleischigen, leicht süßlich schmeckenden Wurzeln werden wie Meerrettich (Kren) verwendet. Die Stengel werden als Salat oder Gemüse gegessen. Die Wurzeln werden auch industriell als Gewürz verarbeitet.

Goldwurzel *(Scolymus hispanicus L.)*

Goldwurzel, auch Golddistel genannt, ist eine zweijährige dornstengelige Pflanze mit gelben Blüten.

Kultur

Die Aussaat erfolgt März / April ins Freiland. Der Reihenabstand beträgt 25–30 cm, der Abstand in der Reihe 6–8 cm, die Saattiefe 3–5 cm, der Saatgutbedarf 30 g / 10 m². Sollten sich Blütenstiele entwickeln, sind diese zu entfernen, da sonst die Wurzeln holzig werden.

Ernte

Die Ernte der weißen Wurzeln erfolgt im Oktober und November. Genutzt werden einjährige Wurzeln. 4–5 Monate nach der Saat können diese geerntet werden.

Rezepte

Als Gemüse werden die jungen Blätter wie Spinat zubereitet und die Wurzeln, wie bei Haferwurzel angeführt, verwendet. Der Geschmack der Wurzeln ist ähnlich dem der Schwarzwurzeln.

Haferwurzel *(Tragopogon porrifolius L.)*

Sie ist aus der Familie der Korbblütler, stammt aus Südosteuropa und Nordafrika und wurde im 16. Jahrhundert in Mitteleuropa kultiviert. Im 18. und 19. Jahrhundert wurde sie jedoch von der Schwarzwurzel verdrängt. Heute ist noch ein Anbau in Frankreich, England und Italien zu finden.

Kultur

Die Haferwurzel ist zweijährig; im ersten Jahr bildet sich die bis 40 cm hohe Blattrosette und die 20–30 cm langen Wurzeln mit einem Durchmesser von 2–3 cm.
Im zweiten Jahr bilden sich die Blütenstände, die bis 1,2 m hoch werden.
Die Blüte ist blaurot. Die Direktsaat ins Freiland erfolgt im März / April. Die Reihenentfernung beträgt 25–35 cm und der Abstand in der Reihe 6–12 cm. Die Saattiefe liegt bei 2–3 cm. Der Saatgutbedarf beträgt 15 g / 10 m^2.

Ernte

Die Ernte erfolgt im Oktober / November. Bei der Ernte dürfen die Wurzeln nicht verletzt werden, da an den Wunden Saft austritt und der Geschmack der Wurzeln verlorengeht. Die Ernte erfolgt je nach Bedarf, da die Wurzeln in der Erde besser haltbar sind als im Lager. Die Wurzeln sind frosthart. Die Ernte erfolgt, bis sich die Blütenstiele entwickeln.

REZEPTE

Geerntet werden die fleischigen, 20–30 cm langen gelblichen Wurzeln, die Schößlinge bis 15 cm Höhe im Frühjahr des zweiten Jahres und die jungen Blätter.
Die Wurzeln werden wie Schwarzwurzeln zubereitet; es ist jedoch nicht nötig, diese zu schälen wie bei der Schwarzwurzel. Die jungen zarten Blätter verwendet man roh zu Salaten oder gekocht zu Spinat. Die Schößlinge werden wie Spargel zubereitet.

Kerbelrübe *(Chaerophyllum bulbosum L.)*

Die Kerbelrübe ist ein zweijähriges Doldengewächs und in Mittel- und Südosteuropa heimisch. Sie ist schwierig in der Kultur, jedoch von besonders gutem Geschmack.

Kultur

Die Aussaat erfolgt zeitig im Frühjahr (März / April) oder Spätherbst (September / November).
Der Reihenabstand beträgt 20 cm, der Abstand in der Reihe 4–6 cm. Die Saattiefe liegt bei 2 cm, der Saatgutbedarf beträgt 1g / 10 m^2. Beim Frühjahrsanbau muß das Saatgut vor der Keimung einer Frosteinwirkung unterzogen werden. Der sicherste Anbau ist im November und bringt Ernten ab Juli des nächsten Jahres.
Kerbelrübchen, die noch zu klein sind für den Genuß, werden gleich wieder im Abstand von 25 x 5 cm ausgelegt. Ein Teil der Rübchen werden für Samen angebaut. Hier erfolgt die Samenernte im September.

Ernte

Die Ernte der Rübchen beginnt im Juli, wenn die Blätter zu vergilben beginnen.

REZEPTE

Kerbelrübchen erhalten ihren guten Geschmack erst durch die Lagerung. Dazu werden sie im kühlen Keller in feuchtem Sand eingeschlagen oder bei 0–1° C gelagert. Die Fleischfarbe der Rübchen ist weiß oder auch gelblich.

Kerbelrübchen in Salzwasser kochen, schälen und als Beilage zu Fleisch mit Kräutern und Butter anrichten. Es ist aber auch möglich, die gekochten und geschälten Kerbelrübchen mit Zucker zu glacieren.

Anmerkung: Die Kerbelrübe nicht verwechseln mit dem Gartenkerbel *(Anthriscus cerefolium* Hoffm. ssp. *cerefolium* Endl.). Beim Gartenkerbel werden die frischen grünen Blätter als Würzkraut verwendet.

Knollen-Sauerklee *(Oxalis tuberosa* Molina)

Eine alte Kulturpflanze der Indios in den Anden, „Oca" genannt. Die Pflanze wird 30–40 cm hoch, mit kleeartig geteilten Blättern und glasig durchscheinenden Stengeln. Die Knollen werden bis zu 20 cm lang als verdickte Sprosse, ähnlich wie bei der Kartoffel. Die Farbe der Wurzelknollen kann weiß, gelb, orange oder rötlich sein.

Kultur

Die Vermehrung erfolgt vegetativ, indem Knollenstücke mit einem Auge Mitte Mai ins Freiland ausgelegt werden. Der Abstand beträgt 30 x 30 cm.

Ernte

Die Ernte der Knollen erfolgt im September.

REZEPTE

Die Knollen werden in Salzwasser gekocht, bis sie weich sind, und als Gemüsebeilage gereicht. Sie enthalten Kalziumoxalat, daher der scharfe säuerliche Geschmack. Auch ein Rohgenuß ist möglich. Die Knollen enthalten 13–15 % Stärke, viel Ascorbinsäure und 1 % Protein.

Anmerkung: Kulturformen mit weißen oder roten Knollen werden erwerbsmäßig im Süden von Neuseeland angebaut.

Haferwurzel

Knollen-Sauerklee

Knollenziest

Nachtkerze

Knollenziest *(Stachys sieboldii* Miq.*)*

Der Knollenziest stammt aus Nordchina und gehört zur Familie der Lippenblütler (wie auch die Taubnessel). Ein erwerbsmäßiger Anbau findet sich heute in Japan, China und Indien. In Europa wird der Knollenziest nur in Liebhabergärten angebaut.

Kultur

Die Knöllchen werden im März / April in Horsten zu je 2 Stück alle 40 cm 8–10 cm tief ausgelegt. Der Reihenabstand beträgt 50–70 cm. Der Pflanzbedarf liegt bei 20 Knöllchen / m^2.

Ernte

Die Ernte erfolgt ab Oktober / November, da die Knollenbildung erst im Spätherbst einsetzt. Es wird nur der laufende Bedarf geerntet. Der Rest verbleibt im Boden. Die Knollen sind frosthart. Sie treiben im nächsten Jahr wieder willig aus. Dadurch ist eine Ernte das ganze Jahr über möglich. Die Erntemenge beträgt 1–2 kg / m^2 jährlich. Nach einigen Jahren wird ein neues Beet angelegt.

Rezepte

Die Knöllchen in Salzwasser kochen, die feinen Häutchen abziehen und erstere in Butter fertig dünsten. Zu Fleisch als Gemüsebeilage anrichten.
Oder man taucht die gekochten, enthäuteten Knöllchen in Omelettenteig mit Parmesan-Zusatz und bäckt sie in Öl oder Butter.

Meerrettich *(Amoracia rusticana* Ph. Gärtn. B. Mey. et Scherb.*)*

Meerrettich – auch Kren genannt – stammt aus Ost- und Südosteuropa, Südrußland und Ostukraine und war bereits im Altertum bekannt. Meerrettich ist Gemüse, Gewürz und Heilpflanze. Er ist frosthart, mehrjährig, im Erwerbsanbau jedoch nur einjährig kultiviert.

Kultur

Der Anbau erfolgt vegetativ durch sogenannte Fechser. Das sind Seitenwurzeln von 25–30 cm Länge und Bleistiftstärke, die bei der Ernte der Meerrettichstangen gewonnen werden. Die Fechser werden im Frühjahr (April) in Reihenabständen von 60 cm schräg in Längsrichtung in den Boden eingelegt, so daß sie am Kopfende 5 cm und am Wurzelende 10 cm tief zu liegen kommen. Der Abstand in der Reihe beträgt 40–50 cm, der Fechserbedarf liegt bei 25–30 Stück / 10 m^2.

Anfang Juli werden die Meerrettichstangen derart freigelegt, daß die am unteren Fechserende gebildeten Wurzeln verbleiben wie auch der Blattschopf am oberen Ende des Fechsers. Alle Seitenwurzeln entlang der Meerrettichstange werden mit einem feuchten Tuch abgerieben. Danach werden die Stangen wieder in die Erde eingelegt. Durch diese Maßnahme wird die Meerrettichstange in der Länge des eingelegten ursprünglichen Fechsers gleichmäßig dick.

Ernte

Die Ernte erfolgt Ende Oktober / Anfang November oder nach dem Winter im März / April. Die Stangen werden herausgenommen und die Seitenwurzeln am unteren Ende der Stange als Fechser für den nächsten Anbau abgenommen. Erfolgt die Ernte im Herbst, werden die Fechser in einer Kiste mit feuchtem Sand eingebettet. Erfolgt die Ernte im Frühjahr, werden die Fechser sofort wieder ausgelegt.

Sorten

Eigene Sorten gibt es nicht. Je nach Anbaugebiet verwendet man spezielle Herkünfte, wie : Steirischer, Bayrischer, Ungarischer, Polnischer, Jugoslawischer u.a.m.

REZEPTE

Meerrettich wird hauptsächlich als Gewürz oder zur Garnierung verwendet.
Die Stangen sind im rohen Zustand gut haltbar.

Apfelkren
Die Äpfel werden gerieben und mit geriebenem Meerrettich sowie etwas Zitronensaft vermischt. Als Beilage zu Rindfleisch beliebt.

Semmelkren
Semmeln blättrig schneiden, mit heißer Rindsuppe übergießen und mit geriebenem Meerrettich würzen. Kalt oder warm als Beilage servieren.

Bayrisches Krengemüse
Geriebenen Kren in Butter anrösten, mit Mehl binden und mit Suppe aufgießen. Kurz aufkochen lassen, nach Geschmack würzen und warm servieren.

Krenbutter
Butter mit geriebenem Meerrettich schaumig rühren, als Brotaufstrich verwenden.

Meerrettichschaum
Topfen und Senf gut verrühren, mit geriebenen Äpfeln und geriebenem Kren mischen, würzen und steif geschlagenen Süßrahm vorsichtig unterziehen.

Meerrettich-Salatdressing
Geriebenen Kren mit Zitronensaft und Öl abrühren, mit Salz, Pfeffer, Paprika und
Majoran würzen.

Anmerkung: Meerrettich ist reich an Vitaminen, Mineralstoffen und antibiotischen
Wirkstoffen und regt die Verdauung an, er wirkt sich ebenso günstig auf Erkältungs-
krankheiten aus, fördert den Kreislauf und wirkt blutdrucksenkend.

Nachtkerze *(Oenothera biennis L.)*

Sie wird auch Rapontika genannt.
Die Knollen dieses zweijährigen Krautes sind im 17. Jahrhundert aus Nordamerika
eingeführt worden und sind eßbar. Heute findet man die Nachtkerze auch verwildert
an Wegrändern, Böschungen usw.

Kultur

Die Nachtkerze ist zweijährig. Die Blüte erscheint im zweiten Jahr. Die Aussaat (ab
Mitte April bis Ende Mai) erfolgt in Reihen mit einem Abstand von 20–25 cm; in der
Reihe auf 15–18 cm vereinzeln. Die Saattiefe beträgt 1–2 cm, der Saatgutbedarf liegt bei
40 g/10 m². (Eine Pflanzenvorkultur mit Verpflanzung als Nachfrucht im Juni bis Juli
ist möglich).

Ernte

Die Ernte der Wurzeln erfolgt im Herbst des ersten oder im Frühjahr (bis Mai) des
zweiten Jahres vor dem Austreiben des Blütenstengels. Die Blattrosette sollte noch am
Boden liegen. Mit Erscheinen der Blüte werden die Wurzeln hart.

Sorten

Dr. E. Lukas berichtete 1871 im Buch „Der Gemüsebau" von zwei Sorten: Große gelbe
Salat-Rapontica und Kleine feine weiße Rapontica.

Rezepte

Die Wurzeln sind 15–18 cm lang und werden wie Schwarzwurzeln zubereitet (geschält
und gedünstet) oder finden als Beigabe zu Rohkostsalaten Verwendung. Durch das
Kochen färbt sich die Wurzel gelblich bis rosa.

Salat
Wurzeln in Salzwasser kochen, in Scheiben schneiden und mit Essig und Öl anrichten.

Gemüse
Wurzeln kochen, schneiden und in Butter dünsten. Auch Mischungen mit anderen Wurzelgemüsearten sind möglich.
Es wird auch berichtet, daß die jungen Schosse roh und die Blätter gekocht als Gemüse genießbar sind.
Die Wurzeln enthalten durchschnittlich 68 mg Vitamin C, die Blätter 210 mg je 100 g Frischmasse. Das Öl aus den Samen der Nachtkerze findet medizinisches Interesse.

Pastinak *(Pastinaca sativa L.)*

Er ist eine alte Kulturpflanze und – ähnlich der Wurzelpetersilie – ein Wurzelgemüse, das in Europa und Asien beheimatet ist. Heute wird der Pastinak nur selten bei uns angebaut. Durch die Einführung der Kartoffeln wurde er im Anbau verdrängt. Kulturen findet man heute in England, Frankreich, Holland und Ungarn.

Kultur

Pastinak stellt keine hohen Ansprüche an Boden und Klima (Wachstumsbereich 4 bis 18° C). Die Aussaat erfolgt an Ort und Stelle im Freiland von März bis Mitte Mai, eventuell bis Anfang Juni, die späten Aussaattermine bringen jedoch geringere Ernten. Der Reihenabstand beträgt 30–40 cm, die Saattiefe 2 cm; vereinzeln in der Reihe auf 10–12 cm im 3–4-Blattstadium. Der Saatgutbedarf beträgt 4–6 g / 10 m^2.

Ernte

Die Ernte erfolgt ab Oktober und kann über den Winter fortgesetzt werden, da die Wurzeln frosthart sind. Die Erträge liegen bei 4–6 kg / m^2.

Sorten

Halblange Weiße, White Gem, Gladiator, Tender and True, White Diamond, Hollow Crown.

REZEPTE

Geerntet werden die Wurzeln, die bis 30 cm lang werden. Sie werden in der Küche als Rohkost, Salat, Gemüse und Beilagen verwendet, die Blätter eignen sich zum Würzen von Gerichten.

Pastinak-Salat
Wurzeln putzen und ca. $^1/_4$ Stunde in Wasser mit etwas Zitronensaft einweichen; raspeln und roh zu Salat mit Essig und Öl, Dressing, Joghurt oder Rahm abmachen.

Pastinak-Gemüse

Wurzeln würfeln, ev. mit Möhren und Petersilienwurzeln mischen, in Butter dünsten, mit Suppe aufgießen, würzen und als Sauce zu Wild servieren. Man kann auch die ganze Masse pürieren.

Pastinak (gebacken)

Halbweich gekochte Wurzeln in Scheiben schneiden, mit Ei und Bröseln panieren und in Öl oder Butter goldgelb backen.

Anmerkung: Der Pastinak findet auch eine Verwertung in der Verarbeitungsindustrie als Gemüse, Babynahrung und im getrockneten Zustand als Suppeneinlage und Trockengemüse.

Rapunzel-Glockenblume *(Campanula rapunculus L.)*

Sie ist eine zweijährige Wildpflanze aus der Familie der Glockenblumengewächse, beheimatet in Mitteleuropa sowie Süd- bis Mittelrußland. Als Gemüse werden die Wurzeln und die Blätter genutzt. Die Rapunzel-Glockenblume wurde früher von Mönchen kultiviert.

Kultur

Sie stellt keine besonderen Klimaansprüche. Die Aussaat erfolgt Ende Mai bis Juni ins Freiland. Der Reihenabstand beträgt 20 cm, der Abstand in der Reihe 15 cm. Die Samen sollten nur flach mit Erde bedeckt werden (Lichtkeimer). 4 g Samen sind 100 Stück. Die Keimzeit beträgt 10–14 Tage. Nach dem Aufgang wird auf 6–10 cm vereinzelt.

Ernte

Die Ernte der Wurzeln beginnt im Oktober und über den Winter bis April (bis zur Blüte). Die Wurzeln sind bis zu 10 cm lang und bis 2 cm im Durchmesser.

Die Erträge liegen bei 1,5–2,0 kg / m².

REZEPTE

Die rohen oder gekochten Wurzeln und Blätter ißt man im Salat. Die Blätter werden wie Spinat gekocht. Die rohen Blätter enthalten 198 mg Vitamin C in 100 g eßbarem Anteil.

Süßkartoffel *(Impomoea batatas* Lam.*)*

Die Süßkartoffel – auch Batate genannt – stammt aus Mexiko und kann auch bei uns im Wein-Mais-Klima im Freiland kultiviert werden. Der Anbau erfolgt heute vorwiegend in den tropischen und subtropischen Gebieten unter 2.200 m Seehöhe. Im Unterschied zur Kartoffel handelt es sich um Wurzelknollen.

Kultur

Der Anbau erfolgt vegetativ. Dazu werden Mitte April im Glashaus Knollen flach in Torf ausgelegt und die sich bildenden Austriebe abgerissen und ab Mitte Mai ins Freiland gepflanzt. Oder man schneidet bei bereits vorhandenen Pflanzen Stengelstecklinge von 10–20 cm Länge, die sich bewurzeln. Die Anzuchttemperatur beträgt 20–30° C.
Nach dem Auspflanzen ist eine Folien- oder Vliesabdeckung vorteilhaft. Die Reihenentfernung beträgt 45–70 cm, der Abstand in der Reihe 30–50 cm (4–6 Pflanzen / m²).

Ernte

Die Ernte der Knollen erfolgt Ende September bis Mitte Oktober. Die Erträge liegen bei ca. 6 kg / m².
Für den normalen Konsum den Winter über und für die weitere Kultur im nächsten Jahr werden die Knollen in trockenem Torf frostfrei gelagert. Die Lagertemperatur sollte 10° C nicht unterschreiten und 16° C nicht übersteigen.
Ein Anbau aus Samen ist nur für die Züchtung von Interesse.

Sorten

Es gibt sehr viele verschiedene Sorten, die sich in Knollenform, Schalen- und Fleischfarbe sowie Blattform unterscheiden.
Neuere Sorten nach Brücher (1989) sind aus den USA: orangefleischig: Centennial, Nemagold, Jewel und Gem.
Aus Puerto Rico: weißfleischig: Migual.
Aus Ostafrika: Brondal (weißfleischig) und Eland (orangefleischig).
Aus Guadeloupe: Malesco 2 und Jasbrun IV (beide gelbfleischig).

REZEPTE

Die Knollen der Bataten können wie Kartoffeln – gekocht, gebraten oder gebacken – zubereitet werden, schmecken jedoch etwas süßlich und eignen sich daher nicht für alle Kartoffelgerichte. Die Blätter können wie Spinat gekocht werden.
Die Bataten enthalten Stärke, Zucker, Eiweiß, Kalium und Vitamin A (bis 20 mg Carotin).

Bataten-Püree
Bataten in Salzwasser kochen, schälen und zerdrücken. Würzen, Öl zufügen und einige Minuten heiß stellen. Das Püree ist besonders schmackhaft durch einen Zusatz von Kapern und Kren.

Gebackene Süßkartoffeln
Süßkartoffeln waschen, mit der Gabel einstechen, mit Öl beträufeln und im Rohr 30 bis 40 Minuten backen.

Süßkartoffeln (paniert)
In Salzwasser weichgekochte Süßkartoffeln in Scheiben schneiden, würzen, in Ei und Bröseln tauchen und in Öl goldgelb backen.

Süßkartoffeln als Süßspeise
Auch als Süßspeise können die Süßkartoffeln auf verschiedene Art zubereitet werden.

Bataten-Apfel-Auflauf
Bataten ca. 5 Minuten kochen, schälen und in Scheiben schneiden. Äpfel putzen, schneiden und gemeinsam mit gewürfeltem, gekochtem Schinken mit den Bataten in eine Form geben und mit Créme fraîche übergießen, würzen oder süßen und im Backrohr bei 225° C 30 Minuten backen.

Anmerkung: Die Süßkartoffel kann auch als Zimmerpflanze kultiviert werden. Eine Knolle oder Stecklinge in einen Topf oder ein Glas in Erde oder Wasser aufstellen. Bei 18°–20° C werden schon in einigen Tagen Triebe gebildet.

Taro *(Colocasia esculenta* [L.] Schott)

Taro ist eine alte Kulturpflanze der Tropen und Subtropen aus der Familie der Aronstabgewächse, beheimatet in Indien und Südasien. In Mitteleuropa ist der Anbau nur in geschützten Kulturen möglich.

Kultur

Der Anbau erfolgt mit Tochterknollen. Der Reihenabstand beträgt 1,0–1,5 m und in der Reihe 60–90 cm; die Tiefe liegt bei 5–7 cm. Es entwickeln sich bis zu 1,5 m hohe Büsche. Geerntet werden die knollig verdickten Rhizome ca. 7–11 Monate nach der Pflanzung. Die älteren Blätter verfärben sich gelb und sterben ab.

REZEPTE

Die Pflanze und die Knollen enthalten Kalziumoxalat-Kristalle, die hautreizend wirken können. Durch Kochen oder Backen wird dieses Kalziumoxalat zerstört. Die Blät-

Süßkartoffel

Pastinak

Topinambur

Zuckerwurzel

Taro

ter und Triebe ergeben ein Kochgemüse, das in Indien sehr beliebt ist. Die Knollen sind stärkereich, 13–20 cm lang und 8–13 cm im Durchmesser; sie werden gekocht, geröstet oder gebacken. Der Geschmack ist leicht nußartig.

Teltower Rübchen *(Brassica rapa L. ssp. rapa subvar. pygmaea)*

Sie werden auch Kleine Speiserüben genannt und stammen aus der Familie der Kreuzblütler; sie sind nahe verwandt mit der Mairübe, Herbstrübe, Wasserrübe sowie Stielmus. Als Gemüse nutzt man bei den Teltower Rübchen die plattrunden, bauchig verdickten Rübchen bis 5 cm im Durchmesser, mit festem weißen oder gelben Fleisch. Ihre Heimat wird in Südeuropa, Nordafrika und Asien vermutet; sie waren bereits im klassischen Altertum bekannt. Rübchen sind eine regionale Spezialität der Stadt Teltow, südlich von Berlin.

Kultur

Die Aussaat erfolgt an Ort und Stelle im Freiland Mitte März bis Anfang April sowie Anfang Juli bis Mitte August. Dieser Anbau bringt bessere Qualitäten. Der Reihenabstand beträgt 20–25 cm, der Abstand in der Reihe 8–12 cm; die Saattiefe liegt bei 2–2,5 cm, der Saatgutbedarf bei 5 g / 10 m^2. Die Kulturzeit beträgt 30–50 Tage. Das Anbringen von Kulturschutznetzen ist anzuraten.

Ernte

Geerntet werden die Rübchen mit einem Durchmesser von 3–5 cm. Die Erntemenge beträgt 2,5–4 kg / m^2. Die Rübchen sind den Winter über im Keller lagerbar. Dazu werden sie lagenweise mit feuchtem Sand in einer Kiste eingeschichtet.
Sie sind nicht frosthart, zum Unterschied zu Herbstrüben.

Sorten

Teltower Kleine Markische, Petrowski, Tokyo Cross, Goldball (Fleischfarbe gelborange), Weseler (rotköpfig), Ulmer Ochsenhörner (rötlich-bläulicher Kopf).

Rezepte

Bereits Goethe erwähnte die Teltower Rübchen als Delikatesse und ließ sie sich per Eilboten von Freunden aus Berlin nach Weimar schicken. Zarte Knollen lassen sich roh essen als Salat oder gekocht als Gemüse zu Fleisch, Geflügel oder Schaf.

Grundrezept
Rübchen waschen und abtropfen lassen; in 3 cm dicke Scheiben und 2 cm große Würfel schneiden oder die kleinen Rübchen ganz lassen. Butter anschmelzen, Zucker einrühren und in 2 Minuten goldbraun anrösten. Rübchen darin 5 Minuten leicht bräunen. Mit Fleischsuppe aufgießen, würzen und 45 Minuten dünsten.

Teltower Rübchen süß-sauer (nach S. Stein)
 Rübchen waschen, würfeln oder ganz in Salzwasser 15–20 Minuten dünsten; gewürzt wird mit Zucker und Essig, etwas Nelken, Petersilie und Weißem sowie Schwarzem Pfeffer.

Teltower Rübchen (gedünstet)
Rübchen würfelig in Wasser oder Suppe weich kochen; mit Mehl stauben und zuletzt noch mit heißer Milch oder Obers aufgießen.

Teltower Rübchen (glasiert)
Rübchen putzen, waschen und abtropfen lassen. Butter in einem Topf erhitzen, Zucker darin schmelzen und in 2 Minuten hell karamelisieren. Heiße Fleischsuppe einrühren. Teltower Rübchen bei kleiner Hitze darin 45 Minuten bei offenem Topf leicht dünsten und gelegentlich schütteln, damit die Rübchen gleichmäßig glasiert werden.

Teltower Rübchen in Weißwein (nach S. Stein)
Rübchen in Scheiben oder Würfel schneiden und ca. 5 Minuten dünsten, Weißwein zufügen, salzen und bei kleiner Hitze 10–15 Minuten kochen.

Topinambur *(Helianthus tuberosus L.)*

Topinambur ist eine alte Indianerpflanze aus Mexiko; sie ist im 17. Jahrhundert nach Europa gekommen, wo sie aber im darauffolgenden Jahrhundert von der Kartoffel abgelöst wurde und an Bedeutung verlor. Die Pflanze wird 2–3 m hoch; als Gemüse werden die Knollen verwendet.

Kultur

Topinambur stellt keine besonderen Ansprüche an das Klima.
Der Anbau erfolgt durch Auslegen von kleinen Knollen im November und März / April. Die Reihenentfernung beträgt 75 cm, der Abstand in der Reihe 30 cm, die Pflanztiefe 10 cm. Der Pflanzknollenbedarf liegt bei 2 kg / 10 m^2.

Ernte

Die Ernte beginnt im Oktober bis zum Frühjahr. Die Knollen sind überaus frosthart (bis

zu –30° C). Geerntet wird der jeweils benötigte Bedarf. Der Rest verbleibt im Boden. Der Ertrag der Knollen liegt bei 4–8 kg / m². Topinambur ist ausdauernd, die im Boden verbleibenden Knollen wachsen wieder aus. Das Kraut ist auch als Viehfutter verwendbar.

Sorten

Das Fleisch der Knollen ist je nach Sorte weiß, gelb, rot oder violett.
Bianka, Gute Gelbe (gelbe Knollen);
Topianca, Waldspindel (rote Knollen);
Rozo (rote bis violette Knollen, buschförmiger Wuchs).

REZEPTE

Die Knollen sind roh, gedünstet, gebraten oder gebacken als Gemüse verwendbar; sie sind als Diätkost besonders für Zuckerkranke sehr zu empfehlen, da der Fruchtzucker in Form von Inulin (20 %) vorliegt.
Die Knollen werden mit der Schale gedünstet (nicht gekocht, da sonst der fruchtzuckerhaltige Saft ins Kochwasser geht. Die Haut der Knollen kann, muß aber nicht entfernt werden.

Topinambur (gebacken)
Knollen in Scheiben schneiden, in Eier und Mehl tauchen und im Fett herausbacken. In England ißt man Topinamburknollen roh, in feine Scheiben geschnitten.

Topinambur-Suppe
Knollen schälen, schneiden, mit Petersilie und Butter dünsten und mit Suppe aufgießen.

Rum-Topinambur
Geschälte, rohe Knollen in Scheiben schneiden, in heißer Butter dämpfen, würzen und mit Rum kurz aufkochen.

Topinambur-Salat
Gleiche Teile rohe Topinambur und rohen Sellerie in feine Streifen schneiden, mit geraspelten Äpfeln vermengen und als Salat abmachen.

Topinambur-Auflauf
1 Teil Topinambur und 2 Teile Kartoffeln in Scheiben schneiden, mit Eier-Rahm-Sauce übergießen, mit Käsescheiben belegen und bei 200° C eine Stunde im Rohr backen.

Topinambur-Saft
Knollen entsaften und eventuell mit Obst- oder Gemüsesäften mischen.

Topinambur in Senfsauce

$^1/_2$ kg Topinambur in Scheiben schneiden und 1 Minute in Salzwasser blanchieren. Schalotten in Butter glasig dünsten und 1 TL Senf sowie $^1/_8$ l Obers dazugießen. Bei kleiner Hitze mit den Topinamburscheiben zugedeckt ca. 12 Minuten dünsten. Mit Zitronensaft abschmecken.

Topinambur in Zitronenbutter

$^1/_2$ kg Topinambur in fingerdicke Stifte schneiden, mit Butter und Zitronensaft 10 Minuten dünsten, würzen und mit fein geschnittenem Petersiliengrün überstreuen. Als Beilage zu Fleischgerichten servieren.

Anmerkung: Topinambur ist auch im Garten sehr dekorativ. Die Pflanzen werden bis 3 m hoch, und einige Sorten blühen mit sonnenblumenähnlichen gelben Blüten von 5–10 cm Durchmesser. Aus den Knollen kann man auch Alkohol herstellen.

Zuckerwurzel *(Sium sisarum L.)*

Die Zuckerwurzel ist ausdauernd und frosthart, sie stammt aus der Familie der Doldenblütler. In Europa wurde sie bis zum Ende des 18. Jahrhunderts in Rußland und Südwestdeutschland angebaut.

Kultur

Die Aussaat ins Freiland erfolgt im Frühjahr, Spätsommer oder Herbst. Die Samen sind vorzuquellen, da die Keimung sonst zu lange dauert. Ein Verpflanzen der Sämlinge ist möglich. Die Reihenentfernung beträgt 20–30 cm, der Abstand in der Reihe 10–15 cm, die Saattiefe 2 cm, der Saatgutbedarf 5 g / 10 m².
Ein Anbau ist auch mit Wurzelschößlingen oder abgeschnittenen Wurzelteilen im Frühjahr möglich.
Die weiteren Kulturmaßnahmen sind wie bei Möhren. Die Pflanzen werden 40–60 cm hoch.

Ernte

Geerntet werden die Wurzeln das ganze Jahr über. Die Wurzeln sind schmutzigweiß gefärbt, frosthart und bis zu 30 cm lang. Eine Lagerung der geernteten Wurzeln kann im Keller erfolgen. Die Erträge liegen bei 1–2 kg / m².
Den Winter über können die Wurzeln auch im Dunkeln abgetrieben werden. Die jungen, bis zu 15 cm langen Sprosse sind eine besondere Delikatesse. Die Erträge liegen bei 30–40 g frischer Sprosse je Pflanze.

REZEPTE

Die Wurzeln werden roh oder gekocht gegessen. Die Zubereitung erfolgt wie bei Pastinak oder Möhren. Der Geschmack der Zuckerwurzeln ist süßlich, mehlig.
Es ist zu empfehlen, die holzige zentrale Ader vor dem Kochen zu entfernen.
Die jungen Triebsprosse werden wie Löwenzahn oder Sauerampfer in der Küche eingesetzt.

Rezept aus Burgund
Wurzeln kochen und in Butter rösten; mit Pfeffer würzen.

Rezept aus dem Jahre 1744 (Zwinger)
Die gekochten Wurzeln werden in einen Teig aus Mehl, Eiern und etwas Salz getaucht und in Butter gebacken.

ZWIEBELGEWÄCHSE

Bärlauch *(Allium ursinum L.)*

Bärlauch ist ein mehrjähriges Zwiebelgewächs aus Mitteleuropa und wächst bei uns wild in feuchten, schattigen Wäldern und Parks sowie an Bächen. Geruch und Geschmack sind wie bei Knoblauch, jedoch intensiver.

Kultur

Die Aussaat ins Freiland wird in feuchten und schattigen Lagen ab August durchgeführt. Die Keimung erfolgt nach Frosteinwirkung im folgenden Frühjahr. Es ist auch eine Kühlbehandlung im Eiskasten durch 4–6 Wochen bei + 4° C möglich (nicht in die Tiefkühltruhe geben).
Die Saattiefe beträgt 1–2 cm.
Sehr einfach ist das Verpflanzen der Zwiebeln vom Wildstandort.

Ernte

Die Blätter werden vor der Blüte im April / Mai geerntet. Die Zwiebeln erntet man im Herbst.
Anmerkung: In der Volksmedizin wird Bärlauch wie Knoblauch eingesetzt. Die Inhaltsstoffe regen die Verdauung an und sind gut für Galle, Leber und Darm. Meist werden vom Bärlauchsaft jeweils 10–20 Tropfen einige Male am Tag genommen. Um den unangenehmen Geschmack zu überdecken, wird der Saft auch in Milch genommen.

REZEPTE

Verwendet werden die frischen Blätter vor der Blütenbildung. Zu beachten ist, daß die Blätter frisch verwendet werden, da die Inhaltsstoffe durch die Trocknung unwirksam werden.
Die stark nach Knoblauch duftenden, frischen Blätter verwendet man als Würzbeigabe zu Salaten, Suppen, Gemüse und Topfen.
Die im Herbst geernteten Zwiebeln verwendet man als Knoblauchersatz.

Bärlauch-Pesto
200 g Bärlauchblätter waschen und gut abtropfen lassen. Mit 1dl Sonnenblumenöl solange mixen, bis eine grüne sämige Sauce entsteht; je nach Geschmack etwas Petersilie zugeben. Mit 2 Handvoll geriebenen Nüssen vermischen und über die heißen Spaghetti geben.

Bärlauch-Suppe

Frische Bärlauchblätter fein schneiden oder mixen und mit Fleischsuppe aufkochen, mit Milch oder Eidotter verfeinern. Die Bärlauchblüten kann man zum Garnieren verwenden.

Bärlauch-Sauce

Frische Bärlauchblätter schneiden und in Butter mit Mehl leicht andünsten. Langsam Wasser zugießen und gut durchkochen. Nach Geschmack würzen.

Anmerkung: Bärlauchblätter duften stark nach Knoblauch, dadurch ist eine Verwechslung mit den giftigen Blättern des Maiglöckchens auszuschließen.

Chinesischer Schnittlauch

(*Allium tuberosum* Rottler ex Sprengel syn. *Allium odorum* L.)

Chinesischer Schnittlauch aus der Familie der Liliengewächse ist mehrjährig und von ähnlichem Wuchs wie Schnittlauch, aber mit abgeflachten, 3–5 mm breiten und 25–30 cm langen Blättern, die nach Bärlauch oder Knoblauch riechen und schmecken. Die Heimat ist unbekannt. Der Chinesische Schnittlauch ist in den ostasiatischen Ländern von Japan bis Indien und Nepal seit Jahrhunderten in Kultur. In chinesischen und japanischen Küchengärten ist er nach dem Winterheckenzwiebel (*Allium fistulosum* L.) das wichtigste Würzkraut.

Kultur

Chinesischer Schnittlauch stellt keine besonderen Ansprüche an Boden und Klima und ist leicht anzubauen. Die Aussaat ins Freiland erfolgt von März bis August an Ort und Stelle; der Reihenabstand beträgt 35–40 cm, der Abstand in der Reihe 20 cm, die Saattiefe 2–3 cm; der Saatgutbedarf liegt bei 5 g / m^2.
Einfacher ist der Anbau mit Vorkultur der Pflanzen und Pflanzung im Abstand von 30 x 20 cm.
Die weiteren Pflegearbeiten sind wie beim Schnittlauch.

Ernte

Beim Ernten werden die Blätter dicht über dem Boden abgeschnitten.
Bei Märzsaaten kann von Juni bis Oktober geerntet werden. In den Folgejahren ist eine Ernte bereits ab April möglich.

Sorten

Sperlings Schnitt-Knolau, Wagners Kobold.

REZEPTE

Die Blätter werden wie Schnittlauch oder Bärlauch verwendet. Auch die weißen Blüten und Blütenstände sind zum Verkochen geeignet.

Die geschnittenen rohen Blätter werden als aromatisches Gewürz, ähnlich wie Schnittlauch, in der Küche eingesetzt. Ihr Geschmack ist jedoch intensiver und ähnelt dem von Knoblauch. Auch in der warmen Küche verwendet man den Chinesischen Schnittlauch als Zwiebelersatz zur Aromatisierung.

Gemüsezwiebel *(Allium cepa L. var. cepa)*

Die Gemüsezwiebel ist eine ganz besondere Art von Zwiebel, die süßlich schmeckt und in der Küche Spaniens, Portugals und Englands sehr beliebt ist. Die Kulturzeit ist jedoch länger als bei der normalen Zwiebel.

Kultur

Die Anzucht der Jungpflanzen erfolgt in geschützter Kultur. Die Aussaat geschieht Mitte Februar (Temperatur 15° C), die Pflanzung ins Freiland erfolgt Ende April / Anfang Mai im Abstand von 25 x 20 cm. Die Ansprüche an Boden und Nährstoffe entsprechen den normalen Zwiebeln.

Ernte

Die Ernte erfolgt, solange das Laub noch grün ist und der Zwiebelhals sich „einzuziehen" beginnt. Zum Nachtrocknen läßt man sie ca. 14 Tage liegen. Sie ist sehr druckempfindlich und ihre Lagerfähigkeit ist schlecht. Das Erntegewicht beträgt $^1/_2$ kg bis $1^1/_2$ kg je Stück.

Sorten

The Kelsae, Exhibition, RS 2626, Denia, Süße Spanische, Spanische Main, Sweet Sandwich, Granduja, Yellow Sweet Spanish, Babosa, Grano.
(Weltrekord der Sorte The Kelsae war das Gewicht von 5,04 kg / Stück.)

REZEPTE

Gemüsezwiebeln haben einen milden, würzigen, leicht süßlich Geschmack.

Gefüllte Zwiebeln
Zwiebeln schälen und auf $^1/_4$ der Höhe kappen. In einen Topf stellen und in Salzwasser weich kochen; abtropfen lassen, kühlen und aushöhlen. Gefüllt wird mit einer Mi-

schung von gekochten Karotten, Erbsen, Zwiebeln und geriebenem Käse. Den Zwiebeldeckel wieder aufsetzen und im Backrohr überbacken. Es sind auch andere Füllungen mit Fleisch, Reis, Pilzen u.a.m. möglich.

Gefüllte Zwiebeln (portugiesisch)
Zwiebeln schälen, aushöhlen, Deckel abschneiden und 15 Minuten in Salzwasser kochen. Faschiertes mit Ei mischen, würzen und in die Zwiebeln füllen. Im Backrohr bei 200° ca. 10 Minuten backen und weitere 20 Minuten nach Fleischsuppenaufguß weitergaren.

Zwiebelsuppe
Zwiebelscheiben in Butter anrösten und mit Fleischsuppe übergießen.

Zwiebeln (gebacken)
Zwiebeln schälen und in 3 mm starke Scheiben schneiden. Die Ringe voneinander trennen, mit Mehl bestäuben und in Öl ca. 4 Minuten backen. Abtropfen lassen und salzen.

Zwiebelsalat
Zwiebeln schälen und in Ringe schneiden. Mit kochendem Wasser übergießen und 2 Minuten ziehen lassen, abtropfen und kühl stellen. Ananas in Stücke schneiden, mit Mayonnaise, Zitronensaft und Öl würzen und mit den Zwiebelstücken abrühren. Im Kühlschrank 120 Minuten marinieren lassen.

Anmerkung: Eine Zwiebelbesonderheit ist die Sorte Longe Rouge, die als Steckzwiebel angebaut wird. Diese Zwiebel ist bis zu 20 cm lang und 5–6 cm im Durchmesser, im Geschmack mild und mit zartem Fleisch. Die Lagerfähigkeit ist jedoch sehr gering.

Knoblauchsprosse *(Allium sativum L.)*

Knoblauchsprosse sind die jungen Blütenstengel vom Knoblauch mit den bereits entwickelten Blütenknospen. Sie sind ein beliebtes Gemüse in Ostasien, das im Freiland angebaut wird.

Kultur

Die Knoblauchzehen werden durch 30 Tage bei 0 bis 4° C gehalten und danach im Freiland bei höherer Temperatur ausgesteckt.

Ernte

Die Ernte erfolgt dann 30 bis 40 Tage danach. Geerntet werden die Blütenstengel mit der Blütenknospe, bevor sich die Blüte öffnet.

REZEPTE

Knoblauchsprosse enthalten viel Kalzium, Phosphor und Eisen sowie 200 bis 300 mg Vitamin C in 100 g Frischmasse.
Verwendet werden die Knoblauchsprosse sowohl als Beilagengemüse als auch zur Dekoration von Speisen.

Winterheckenzwiebel *(Allium fistulosum L.)*

Sie ist ein mehrjähriges Zwiebelgewächs, das schon im zeitigen Frühjahr Schnittgrün liefert und eine sehr alte Kulturpflanze in China, Japan und Korea darstellt. Die Pflanze ist in unserem Klima winterhart.

Kultur

Die Aussaat erfolgt März / April; der Reihenabstand beträgt 25–40 cm, die Saattiefe 2–3 cm. Die Saatmenge liegt bei 6–8 g / 10 m^2. Oder man pflanzt vorkultivierte Pflanzen einzeln oder in Büscheln im Abstand von 40 x 40 cm. Es ist auch möglich, eine Teilung älterer Stöcke durchzuführen. Durch Abdecken mit Vlies oder Folie läßt sich die Ernte verfrühen oder verlängern.

Ernte

Die Ernte erfolgt im ersten Jahr laufend 3–4 Monate nach der Saat, in den folgenden Jahren ab März. Es sind jährlich bis zu drei Ernten möglich. Geerntet wird bei einer Laublänge von 20–45 cm. Die Erträge liegen bei 2–3 kg / m^2 frischer Blattmasse.

Sorten

Es sind verschiedene Sorten im Handel, je nachdem, ob die grünen Blätter oder die porreeartigen weißen Zwiebelschäfte verwendet werden sollen.
Lauchnutzung: Winterhecke (winterhart);
Nutzung von Zwiebelschäften: Ishikura Long White, Grodur, Kaigaro (diese Sorten sind in Mitteleuropa nicht winterhart; es ist jedoch zu erwarten, daß in nächster Zeit winterharte Sorten auf den Markt kommen, da züchterisch sehr intensiv auf diesem Gebiet gearbeitet wird).
Anmerkung: In Japan wird neben dem Freilandanbau auch in kalten Folienhäusern den Winter über Winterheckenzwiebel angebaut. Dieser Anbau ist aus klimatischen Gründen in Mitteleuropa nicht möglich. Als Schnittlauchersatz wird Winterheckenzwiebel im geheizten Glashaus gelegentlich kultiviert.

Chinesischer Schnittlauch

Winterheckenzwiebel

Wintersteckzwiebel

Schalotte

REZEPTE

In der Küche verwendet man die grünen röhrenartigen Blätter von 20–30 cm Länge, die vom zeitigen Frühjahr an bis in den Winter geerntet werden können. Dieses Grün findet als Gewürz in Salaten, Suppen oder Aufstrichen, ähnlich wie Schnittlauch, Verwendung. Die Zwiebel (Bulbille) ist nur eine langgestreckte Verdickung. Die Zwiebelschäfte werden wie Porree zubereitet.

Wintersteckzwiebel *(Allium cepa* L. var. *cepa)*

Es handelt sich dabei um eine neue Anbaumethode, die Steckzwiebeln ganz besonderer Sorten bereits im Herbst auszulegen. Man verlängert damit die Erntemöglichkeit frischer Zwiebeln.

Kultur

Wintersteckzwiebeln werden Ende September / Anfang Oktober ausgelegt. Der Reihenabstand beträgt 25 cm ; der Abstand in der Reihe 6–8 cm; die Stecktiefe 5 cm ; der Steckzwiebelbedarf liegt bei 4–6 kg / 100 m². Die ideale Zwiebelgröße hat 0,5–1,5 cm Durchmesser.
Vor dem Winter wird angehäufelt. Man kann auch leichten Winterschutz mit Reisig geben und im Frühjahr mit Folie oder Vlies zur Wachstumsbeschleunigung abdecken.

Ernte

Die Ernte beginnt bereits Mitte Mai. Sie erfolgt wie bei Zwiebeln üblich.

Sorten

Gelbschalig: Presto, Taify.
Rotschalig: Romy.

REZEPTE

Die Verwendung der Zwiebeln ist in verschiedenen Zubereitungen auch mit den Blättern möglich.

Anmerkung: Zwiebeln sollen auch blutdruck- und blutzuckersenkende Wirkung haben und wie der Knoblauch das Thromboserisiko vermindern.

Schalotte *(Allium cepa* L. var. *ascalonicum* Backer)*

Die Schalotte, eine Abart des Zwiebels, stammt aus Vorderasien und dem Orient und ist in Europa seit dem 13. Jahrhundert im Anbau, sie wird heute in West- und Südeuropa , Japan, Mexiko, Nordamerika und in verschiedenen Tropenregionen kultiviert.

Kultur

Kleine Brutzwiebeln werden im Frühjahr ausgelegt. Sie können in wärmeren Gebieten auch im Herbst in den Boden eingebracht werden, da sie Bodentemperaturen bis –8° C vertragen. Ausgelegt wird in Reihenabständen von 25–30 cm und einem Abstand in der Reihe von 10–20 cm, Tiefe 4–5 cm, mit dem Kopf nach oben. Ausgesteckt wird in den Monaten Ende Februar bis Ende März und Ende September bis Anfang Oktober. Die Brutzwiebeln zum Auslegen sollten die Sortierung 3–5 mm oder 7–12 mm im Durchmesser haben. Der Pflanzgutbedarf beträgt 20–30 Stück / m^2.
Auch eine Direktsaat ins Freiland ist durch züchterische Bearbeitung seit dem Jahre 1994 möglich.

Ernte

Die Ernte erfolgt ab Ende Juli / Anfang August. Jede Brutzwiebel hat einen Horst mit mehreren Schalotten gebildet. Die Schalotten werden zum Nachtrocknen 10–20 Tage aufgelegt. Sie sind sehr gut lagerfähig. Die Erträge schwanken zwischen 2 und 4 kg / m^2.

Sorten

Die Farbe der Schalotten ist rosa, kupferfarbig, strohgelb bis rotbraun.
Hollandse Gele (gelb), Sante (rotbraun), Atlas (Hybridsorte für Saat).

REZEPTE

Die Schalotten haben einen milderen und würzigeren Geschmack als Zwiebeln. In der Küche verwendet man sie roh oder gekocht.

Schalotten-Gemüse in Rotwein
Schalotten schälen, größere halbieren und in etwas Öl glasig andünsten. Mit Rotwein und einem Essigguß ablöschen und würzen. In einem zugedeckten Topf weich dünsten (ca. 10–15 Minuten) und als Gemüsebeilage zu Fleisch servieren.

HÜLSENFRÜCHTE

Adzukibohne *(Vigna angularis Ohwi et Ohasi)*

Sie ist eine Hülsenfrucht, die vorwiegend in China, Japan und Indien angebaut wurde und heute vor allem in Japan, Indien, Neuseeland, den USA und Südamerika als Trockenkochbohne kultiviert wird.

Kultur

Die Wärmeansprüche liegen höher als bei der Gartenbohne. Die Mindestbodentemperatur beträgt 16° C.
Die Aussaat erfolgt ab Mitte Mai im Freiland; es ist auch eine Vorkultur im Gewächshaus möglich. Der Reihenabstand beträgt 30–90 cm, der Abstand in der Reihe 25–35 cm. 100 Samen wiegen 10–20 g.

Ernte

Die Ernte der reifen Hülsenfrüchte erfolgt im September / Oktober. Ein Nachtrocknen der Hülsen ist notwendig. Die Samen sind eiförmig, glatt, dunkelrot und 4–4,5 mm dick.

REZEPTE

Die Trockenbohne wird zu Suppen und Gemüsegerichten zubereitet und auch als Sprossengemüse verwendet. Die unreifen Hülsen können als Kochgemüse genommen werden. Wegen des süßlichen Geschmacks werden die gekochten Bohnen auch zur Bereitung von Kuchen und Süßspeisen verwendet.

Keimsprossen
Adzukibohnen 20 Stunden in Wasser vorquellen und bei 20–22° C antreiben, bis die Keimlinge 2 cm lange Sprosse gebildet haben.

Erdnuß *(Arachis hypogaea L.)*

Die Erdnuß ist einjährig, gehört zur Familie der Hülsenfrüchte und wird heute in allen tropischen und subtropischen Gebieten kultiviert. Die Schwerpunkte des Anbaues liegen in Indien, China und den USA.

Kultur

Die optimalen Keim- und Wachstumstemperaturen liegen bei 25–30° C mit ausgeglichenen Tag- / Nachttemperaturen. Im mitteleuropäischen Klima ist ein Anbau nur in geschützter Kultur möglich.

Die Aussaat ins Freiland erfolgt ab Mitte Mai bei einer Bodentemperatur von 15° C und Folien- oder Vliesabdeckung. Samen bei 22–24° C vorquellen. Die Saattiefe beträgt 4–5 cm. Im Erwerbsanbau in den Produktionsgebieten ist ein Reihenabstand von 35–70 cm und ein Abstand in der Reihe von 8–25 cm empfohlen. Der Saatgutbedarf liegt bei 40–100 kg / ha.

Auch eine Pflanzung von vorkultivierten Sämlingen aus dem Gewächshaus ist möglich. Für eine Pflanzung Mitte Mai muß Mitte April im Gewächshaus ausgesät werden. Die Anzuchttemperatur liegt bei 23–26° C.

Nach der Blüte dringen die Fruchtträger 5–10 cm in den Boden ein und entwickeln in der Erde die Erdnüsse.

Ernte

Die Ernte erfolgt, wenn die Mehrzahl der Hülsen voll entwickelt ist und sie reife Samen beinhalten.

Rezepte

Neben dem Verzehr der Nüsse spielt für die Ernährung das Erdnußöl eine große Rolle. Außer dem Fett- und Eiweißgehalt ist der hohe Lysingehalt sowie der hohe Anteil an Vitamin B und E erwähnenswert.

Erdbirne (*Apios americana* Medik)

Die Erdbirne kommt wild im östlichen Nordamerika und Europa vor und gehört zur Familie der Hülsenfrüchte. Die eßbaren Knollen schmecken gekocht leicht süßlich. Die Erdbirne ist eine bedeutende Nahrungspflanze der nordamerikanischen Indianer mit einem hohen Eiweißgehalt; dieser ist dreimal höher als bei der Kartoffel. Die Knollen sind rund, haben die Größe von Tennisbällen und sind an einer Wurzel bis zu 10 Stück hintereinander gereiht.

Kultur

Die Vermehrung der Erdbirne erfolgt durch Auslegen der Knollen älterer Pflanzen im Frühjahr. Ein Gerüst zum Aufleiten der Ranken ist notwendig. Die Erdbirne ist mehrjährig und in unseren Klimaten frosthart.

Rezepte

Die Knollen der Erdbirne werden gekocht gegessen.

Adzukibohne

Erdbirne

Flügelbohne

Flügelerbse

Flügelbohne *(Psophocarpus tetragonolobus DC.)*

Sie ist eine mehrjährige Hülsenfrucht aus Indien und dem tropischen Afrika. Die Ranken werden bis zu 2 m hoch. Die Hülsen haben Flügel, die 1–4 cm breit sind. Die Schoten weisen eine Länge von 5–30 cm auf und beinhalten weißgraue bis dunkelbraune oder schwarze Samen mit hohem Eiweiß- und Fettgehalt, entsprechend der Sojabohne.
Als Gemüse werden die Hülsen gegessen, weiters die Blüten, Blätter, Samen und die Knollen.

Kultur

Ein Anbau im Freiland ist in unserem Klima nicht möglich. Unter Glas und im Folientunnel erfolgt die Aussaat im Frühjahr mit einem Reihenabstand von 1,2–1,5 m, alle 40 cm je ein Korn. Die Saattiefe beträgt 3–5 cm. Der Temperaturanspruch liegt bei 27° C am Tag und 22° C in der Nacht.
Ein Spalier zum Aufleiten der Ranken ist notwendig.

Ernte

Die Ernte der grünen Hülsen erfolgt 10 Wochen nach der Saat. Nach weiteren 6 Wochen sind die Samen reif. Eine mehrmalige Ernte ist notwendig, da immer neue Hülsen angesetzt werden. Die Ernte der Knollen ist nach 4–8 Monaten möglich. Diese sind 2–4 cm im Durchmesser und 8–12 cm lang. Der Anbau als Gemüse erfolgt einjährig, obgleich die Flügelbohne ein mehrjähriges Gewächs ist.

Rezepte

Die jungen Hülsen werden geschnitten und wie Gartenbohnen zubereitet. Unreife Samen kocht man zu einer Suppe. Reife Samen werden geröstet und wie Erdnüsse gegessen. Der Ölgehalt der reifen Samen beträgt ca. 18 % mit über 60 % ungesättigten Fettsäuren. Der Eiweißgehalt der reifen Samen liegt bei 37 %.
Die Blätter werden wie Gemüse gekocht, während die Wurzeln mit 20 % Eiweißgehalt wie Kartoffeln in der Küche eingesetzt werden.

Flügelerbse *(Tetragonolobus purpureus Moench)*

Sie ist eine Hülsenfrucht aus dem Mittelmeergebiet und wird auch Spargelerbse genannt. In Deutschland ist sie seit dem 17. Jahrhundert im Anbau. Die Hülsen haben flügelartige Ausbuchtungen. Die Form der Samen ähnelt der der Erbsen.

Kultur

Die Aussaat ins Freiland erfolgt Mitte Mai. Die Wärmeansprüche liegen etwas höher als bei der Gemüseerbse. Eine Vorkultur unter Glas bei Temperaturen von 16–20° C ist ratsam. Der Reihenabstand beträgt 50–60 cm, der Abstand in der Reihe 30–50 cm. Die Saattiefe liegt bei 2–3 cm.
Abdecken mit Vlies oder Folie ist vorteilhaft.
Die Pflanze wird auf ein Spalier geleitet, da sie Höhen bis zu 3 m erreichen kann.

Ernte

Die Ernte beginnt ab Ende Juni und dauert bis Anfang September. Geerntet werden die jungen Erbsenhülsen mit einer Länge von 4–6 cm.

REZEPTE

Die jungen Hülsen werden wie Zuckererbsen zubereitet. Der Geschmack ist ähnlich wie Spargel. Die ganzen Hülsen werden ca. 5 Minuten in Butter gedünstet und als Beilage serviert.
Die reifen Samen werden geröstet und als Kaffee-Ersatz herangezogen.

Käferbohne *(Phaseolus coccineus* L.)

Sie wird auch Feuerbohne, Prunkbohne oder Rosenbohne genannt und stammt aus Mittel- und Südamerika. Die Käferbohne ist im 16. Jahrhundert mit den anderen Gartenbohnen nach Europa gekommen.

Kultur

Die Direktsaat ins Freiland erfolgt Anfang Mai. Käferbohnen sind nicht so kälteempfindlich wie Gartenbohnen und können daher auch noch dort angebaut werden, wo es für Gartenbohnen bereits zu kalt ist. Anders als bei den Gartenbohnen sind die frostempfindlichen Keimblätter bei der Käferbohne unter der Erde. Die Ranken können bis zu 4 m lang werden, und es ist daher eine Aufleitung auf Spaliere oder Stangen notwendig. Der Abstand der Reihen beträgt 1m , der Abstand in der Reihe 50 cm, wobei je Stange 5 Bohnen 3–4 cm tief ausgelegt werden. Der Saatgutbedarf liegt bei 1–3 kg je 100 m².
Aufleiten auf Spalier: Alle 5–6 m werden Säulen von 2,5 m Länge aufgestellt. Dazwischen wird 15 cm über dem Boden und am oberen Ende der Pfähle ein Draht gespannt und eine Plastikschnur zwischen diesen beiden Drähten auf- und abgespannt.
Die Stärke des unteren Drahtes beträgt 1,5 mm und des oberen Drahtes 3,0 mm, der Abstand der Plastikschnüre jeweils 15 cm. Die Reihenentfernung im Spalier liegt bei

1,5 m. Beim unteren Draht wird im Abstand von 15 cm je ein Korn 3–4 cm tief ausgelegt. Als Pfähle eignen sich Holz von Akazie oder Edelkastanie sowie Eisen.

Ernte

Die Ernte der zarten grünen Hülsen erfolgt in den Monaten Juli bis September. Meist werden aber die reifen Samen im Spätherbst (Oktober) geerntet. Die eingetrockneten Hülsen werden ganz abgepflückt und unter Dach zum Nachtrocknen aufgeschüttet. Die Erntemenge von Trockenbohnen beträgt 25–35 kg / 100 m². Gut getrocknete Bohnen halten sich bei kühler und trockener Lagerung einige Jahre.

Sorten

Rotblühend mit schwarzviolett gesprenkeltem Korn: Steirische Riesen, Preisgewinner, Butler, Polestar, Bonela.
Weißblühend mit weißem Korn: Weiße Riesen, Desiree.
Rotblühend mit schwarzem Korn: Hara.
Rot-weißblühend mit beige-braun gesprenkeltem Korn: Melange.
Eine Käferbohne in Buschform, die nicht rankt, ist die rotblühende Hammond´s Dwarf Scarlet.
Die Sorten Desiree und Butler sind fadenlos und eignen sich daher besonders für die Ernte der grünen zarten Hülsen.

Rezepte

Die jungen, noch zarten Hülsen werden geschnitten und wie die Gartenbohne weiter zu Gemüse oder Salat verarbeitet.
Die ausgereiften Samen verwendet man als Gemüsebeilage oder Salate. Die Bohnen werden über Nacht eingeweicht und 2–3 Stunden bei schwacher Hitze gekocht. Ältere Bohnen brauchen länger, um weich zu werden. Gegen Ende der Kochzeit werden sie gesalzen. Das Kochwasser der Bohnen darf nicht verwendet werden.

Käferbohnen mit Sauerkraut (Rezept aus der Steiermark)
Käferbohnen einweichen, kochen, abseihen. Sauerkraut kochen und abseihen. In eine Schüssel zuerst das vorbereitete Sauerkraut und darüber die Käferbohnen schütten und mit Bröseln bestreuen. Mit heißem Grammelfett und etwas Knoblauch schmalzen.

Käferbohnen-Salat
Käferbohnen einweichen, kochen, abseihen und kalt stellen. Je nach Geschmack würzen und als Salat abmachen. Sehr gut schmeckt die Zugabe von mundgerecht dünn geschnittenem kalten Rindfleisch. Eine ganz besondere Note bekommt der Käferbohnensalat, wenn man für die Marinade Kürbiskernöl, Mostessig und Kräuter anrührt.

Käferbohnen-Suppe

Käferbohnen über Nacht einweichen, weich kochen und passieren. Mit Flüssigkeit aufgießen und einige Minuten kochen lassen; mit gemahlenem Kümmel und Sauerrahm verfeinern. Die weichen Bohnenkerne können auch in einem Mixer zerkleinert werden, wodurch die Suppe noch sämiger wird.

Bohnenstrudel

Mit den vorgeweichten, gekochten und ausgekühlten Bohnen einen Strudelteig belegen, mit Salz, Pfeffer und Majoran würzen, mit Bröseln bestreuen, einrollen und auf einem leicht gefetteten Blech backen.

Anmerkung: Die Käferbohne wird auch als Ziergewächs angebaut, da sie schöne rote und weiße Blüten hat und als Hecke oder zur Verkleidung von Mauern gut einzusetzen ist.

Kuhbohne *(Vigna unguiculata Walp. subsp. unguiculata [syn. V. sinensis])*

Es handelt sich dabei um eine Hülsenfrucht, die in den USA zur Zeit züchterisch bearbeitet wird. Die kleinen weißen Trockenbohnen haben einen schwarzen oder gelben Fleck, daher auch der Name Augenbohne.
Es werden die Hülsen und die Blätter sowie die reifen trockenen Bohnen verwendet. Ein Vertragsanbau für die Lebensmittelindustrie wird in den amerikanischen Südstaaten und in China durchgeführt.

Kultur

Der Anbau der Kuhbohne erfolgt wie bei der Roten Indianerbohne.

Sorten

Californisches Blackeye Nr. 5, Floricream, Zippercream, Iron.

Limabohne *(Phaseolus lunatus L.)*

Die Limabohne stammt aus Mittel- und Südamerika und kam nach der Entdeckung Amerikas nach Europa. Sie ist in den Tropen und Subtropen eine mehrjährige Hülsenfrucht. In unserem gemäßigten Klima wird sie nur einjährig kultiviert.

Kultur

Die Klimaansprüche sind etwas höher als bei der Gartenbohne. Die Keimtemperaturen liegen bei 15–20° C. Die Aussaat ins Freiland oder die Auspflanzung nach einer

Vorkultur im Glashaus erfolgt Mitte Mai. Der Reihenabstand beträgt 70–90 cm, der Abstand in der Reihe 6–8 cm, die Saattiefe 2–4 cm. Bei einer Wuchshöhe von 15 cm wird angehäufelt. Zur Blütezeit benötigt die Pflanze viel Wasser.

Ernte

Die Ernte der weichen, noch unreifen Bohnen kann ab Juli / August erfolgen. Ausgereifte Bohnen erntet man im September / Oktober mit Nachtrocknung der Hülsen.

Sorten

Man unterscheidet Buschtypen und rankende Typen. Es sind sehr viele Sorten und Herkünfte im Anbau.
Einige Sortenbeispiele aus den USA: Dixie Butterpea White, Jackson Wonder, Thorogreen.

REZEPTE

Limabohnen dürfen nur gekocht genossen werden, da die rohen Bohnen wegen ihres Linamarin-Gehaltes, einem Blausäureglykosid, toxisch wirken können.
Als Gemüse werden die unreifen Samen verwendet, die gemeinsam mit Reis gekocht werden, oder man nutzt die reifen Bohnen wie Trockenkochbohnen. Die Farbe der Limabohnensamen ist sehr bunt: weiß, gelblich, rot, violett, schwarz, jeweils einfärbig oder gefleckt. Auch die Größe und Form der Bohnen sind unterschiedlich.
Limabohnen-Hülsen werden im Jugendstadium als Gemüse zubereitet.

Limabohne (amerikanisch)
Gleiche Teile Limabohnen und Zuckermaiskörner in Butter dünsten und mit leichter Rahmsauce binden.

Anmerkung: Limabohnen haben einen hohen Eisen-, Vitamin A- und Vitamin C-Gehalt.
Sie werden in den USA überwiegend tiefgefroren und zu Naßkonserven verarbeitet und nur zu ca. 10 % als Frischware gegessen.

Linse *(Lens culinaris* Medik.*)*

Die Linse ist eine einjährige Pflanze aus der Familie der Hülsenfrüchte. Heute ist sie im gesamten Mittelmeerraum, in Nahost, China, Indien und Amerika im Anbau.
Die Linse benötigt ein trockenes, heißes Klima.

Kultur

Die Direktsaat ins Freiland erfolgt Ende April bis Anfang Mai mit einem Reihenabstand von 15–20 cm. Der Saatgutbedarf bei kleinsamigen Sorten liegt bei 6–9 g / m² und bei großsamigen Sorten bei 8–11 g / m². Die Pflanzen werden 20–30 cm hoch und haben blaßblaue Blüten. Jede Hülse hat nur 1 bis 2 Samen.

Ernte

Zur Ernte wird die ganze eingetrocknete Pflanze ausgerissen und unter Dach nachgetrocknet.

Sorten

Je nach Herkunftsländern und Durchmesser der Samen unterscheidet man verschiedene Sorten. Die Samenfarbe ist grünlichgelb bis hellbraun und rot.

Rezepte

Der Einsatz der Linsen in der Küche ist vielseitig: Linsengemüse, Linsenpüree, Linsensuppe, Linsenauflauf, Linsenpastete, Linsenfrikadellen, Linsensalat.

Linsen als Beilage
Linsen über Nacht einweichen, in frischem gesalzenen Wasser weich kochen und nach Geschmack würzen. Kochzeit je nach Alter und Größe der Linsen von 30 Minuten bis 2 Stunden.

Linsen-Keimlinge
Linsen über Nacht einweichen und abtropfen lassen. Danach 2 x täglich mit lauwarmem Wasser durchspülen und bei 20° C aufstellen. Nach ca. 4 Tagen sind die Keimlinge fertig und haben eine Länge von 3 cm erreicht.

Linsen mit Dörrpflaumen
Linsen über Nacht einweichen, mit Speck oder Schinkenschwarten ca. 45 Minuten leicht kochen. Dörrpflaumen separat ca. 30 Minuten im eigenen Einweichwasser kochen und über die Linsen geben. Das Gemisch weitere 20 Minuten kochen. Schwarten entfernen, würzen und frische Petersilie zufügen. Als Gemüsebeilage servieren.

Linsensuppe
Linsen über Nacht einweichen und mit Fleischsuppe ca. 45 Minuten leicht kochen lassen. Abkühlen, mixen, noch einmal erhitzen und nach Geschmack würzen.

Mungbohne *(Vigna radiata* R. Wilczek var. *radiata)*

Dabei handelt es sich um eine einjährige Hülsenfrucht, die für Keimsprosse verwendet wird. Die Hülsen sind ca. 7 cm lang mit bis zu 10 Bohnen. Die Samen sind kugelförmig und braun, schwarz, gelb oder grün gefärbt.

Kultur

Die Mungbohne stellt hohe Wärmeansprüche. Die Aussaat erfolgt Mitte Mai im Weinbauklima; eine Abdeckung mit Vlies oder Folie ist notwendig. Der Reihenabstand beträgt 30–50 cm, im Abstand von 6–8 cm wird je ein Korn eingebracht, die Saattiefe liegt bei 3–4 cm, die Mindestkeimtemperatur bei 12° C.

Der Saatgutbedarf beträgt 2–3 g / m². Eine Vorkultur im Glashaus mit Verpflanzung Mitte Mai ins Freiland, wie dies auch bei anderen Bohnenarten möglich ist, kann durchgeführt werden.

Bei einer Wuchshöhe von 20 cm sollten die Pflanzen angehäufelt werden. Sie können bis zu 1 m hoch werden.

Ernte

Die Ernte erfolgt Mitte September. Die Hülsen müssen unter Dach nachgetrocknet werden.

Sorten

Kopagaun, Krishna –11, Mung H 70–16, Pusa Baisakhi.

REZEPTE

Die reifen Bohnen haben einen Durchmesser von 4–5 mm und werden vorwiegend für Keimsprosse verwendet. Bevorzugt werden hier die grünsamigen Sorten. Aus den Kernen können auch Suppen und Brei hergestellt werden. Aus dem Mehl der Bohnen macht man Nudeln und Backwaren.

Das Kochwasser der Bohnen darf nicht verwendet werden.

Keimsprosse: Die Bohnen werden in dunklen Räumen angetrieben. Dazu werden sie in lauwarmem Wasser (22–25° C) 12 Stunden hindurch eingeweicht, in flachen Schichten auf Sieben ausgebreitet und mit reichlich warmem Wasser besprüht. Nach 4–5 Tagen haben die Sprosse eine Länge von 6 cm erreicht. Diese Sprosse müssen sofort verbraucht werden.

Puffbohne *(Vicia faba L. var. faba)*

Die Puffbohne, auch „Dicke Bohne" genannt, stammt aus dem Mittelmeergebiet und aus dem Vorderen Orient. Sie ist eine uralte Kulturbohne. Es werden nur die jungen, noch nicht ausgereiften Samen gegessen. Heute werden Puffbohnen vorwiegend in China und in Europa, in Norddeutschland, Holland und England, angebaut.

Kultur

Die Puffbohne ist nicht so wärmebedürftig wie die Gartenbohne. Fröste von bis –7° C werden vertragen, und der Anbau ist bis 1600 m Seehöhe möglich.

Die Aussaat im Freiland erfolgt an Ort und Stelle Ende Februar / Anfang März und weiters im Stufenanbau bis Anfang Juni. Der Reihenabstand beträgt 50 cm, im Abstand von 10 cm werden je 2 Körner eingebracht, die Saattiefe liegt bei 8–12 cm, der Saatgutbedarf bei 15–20 g / m^2. Die Pflanzen haben einen hohen Wasserbedarf. Die Kulturdauer beträgt ca. 100 Tage.

Eine Verlängerung der Erntemöglichkeit ist gegeben, indem man eine Vorkultur im Gewächshaus durchführt und Anfang März im Abstand 70 x 20 cm auspflanzt.

Ernte

Die Ernte kann bereits Anfang Juni erfolgen, wenn man die Pflanzmethode gewählt und mit Vlies bzw. Folie abgedeckt hat.

Geerntet werden die noch unreifen zarten Samen, wenn die Nabel- und Kornfarbe übereinstimmt, die Hülsen noch grün und die Samen selbst noch nicht mehlig sind. Der Bestand ist mehrmals durchzupflücken.

Der Ertrag liegt bei 200–300 Hülsen bzw. 60 kg Körner je 100 m^2.

Sorten

Grünkernig: Con Amore, Hedosa, Major, Hangdown grün.
Weißkernig: Hangdown weiß.

REZEPTE

Geerntet werden die unreifen Samen für Salate, die halbreifen Samen für Saucen, die vollreifen Samen für Eintöpfe und Püree.

Puffbohnen-Salat
Unreife Kerne in Salzwasser kochen, kalt stellen, würzen und wie Salat anrichten.

Puffbohnen-Püree
Vollreife Kerne einen Tag einweichen, weich kochen und durch ein Sieb drücken. Mit Butter oder Rahm mischen, mit Kräutern bestreuen und heiß servieren.

Puffbohnen-Gemüse
Halbreife Kerne ca. 20 Minuten bei geringer Hitze in Salzwasser leicht kochen.

Puffbohnen-Auflauf
Die Bohnen einweichen und bei schwacher Hitze 25 Minuten in Wasser kochen, danach abtropfen lassen. Eine feuerfeste Form einfetten. Zwiebel, Bohnen und Speckstreifen lagenweise einfüllen, mit Süßrahm übergießen und im Backrohr bei 175° auf mittlerer Schiene 30 Minuten backen.

Rote Indianerbohne

(*Phaseolus vulgaris* L. ssp. *vulgaris* var. *nanus* Aschers.)

Sie ist eine Buschbohne mit dunkelroter bis kastanienbrauner Samenfarbe und wird als Trockenkochbohne genutzt. Ihre Heimat ist Südamerika und Mexiko. Mit der Entdeckung Amerikas kam auch diese Bohne nach Europa.

Kultur

Die Aussaat ins Freiland erfolgt an Ort und Stelle Mitte Mai. Die Klimaansprüche ähneln denen der Gartenbohnen. Der Reihenabstand beträgt 40–50 cm, der Abstand in der Reihe 5–8 cm, die Saattiefe 3–4 cm, der Saatgutbedarf 80–100 g / 10 m^2.
Bei einer Wuchshöhe von 15 cm muß angehäufelt werden.

Ernte

Die Ernte erfolgt, sobald die Hülsen trocken sind. Zum Nachtrocknen werden die ganzen Pflanzen oder nur die Hülsen unter Dach ausgebreitet.
Die trockenen Bohnen sind bei einem Wassergehalt von ca. 13 % gut lagerbar.

Sorten

Im Anbau befinden sich verschiedene Herkünfte und Sorten. Am bekanntesten sind Red Kidney und Red Mexican.

Rezepte

Vor dem Kochen werden die Trockenbohnen 12 Stunden in Wasser eingeweicht und

anschließend im Einweichwasser 60–90 Minuten gekocht. Das Kochwasser darf nicht verwendet werden.

Chili con Carne

Die Roten Indianerbohnen einweichen und kochen. Tomaten, Pfefferoni, Zwiebel, Knoblauch mit Faschiertem in Öl andünsten und gut durchbraten.
Die gekochten Indianerbohnen abseihen und unterrühren. Mit Fleischsuppe verflüssigen und würzen.

Mexiko-Salat

Rohen roten und grünen Paprika in Streifen schneiden, Tomaten würfeln und gekochte Zuckermaiskörner gemeinsam mit Roten Indianerbohnen mischen, mit Marinade übergießen und ca. 20 Minuten ziehen lassen.

Bohnentorte

200 g Zucker und 3 Eidotter schaumig rühren, 250 g gekochte und passierte Bohnen dazurühren, ebenso 2 EL Brösel, 50 g gemahlene Haselnüsse, etwas Natron und den steif geschlagenen Schnee von 3 Eiklar darunterheben. Die Masse bei mittlerer Hitze ca. 45 Minuten backen und die ausgekühlte Torte mit Konfitüre füllen.

Bohnengulasch

Speck und Zwiebeln goldgelb anrösten, Paprika und Essig zugeben, mit den weich gekochten Bohnen vermischen, würzen und aufkochen lassen.

Sojabohne *(Glycine max Merr.)*

Die Sojabohne wurde in China wahrscheinlich schon 1700 v. Chr. zur Kulturpflanze. Nach Europa gelangte die Sojabohne erst im 16. Jahrhundert und Ende der zwanziger Jahre des 20. Jahrhunderts schließlich in die USA. Heute werden weltweit 55 Millionen Hektar Sojabohnen angebaut, davon die Hälfte in den USA.

Kultur

Die Klimaansprüche sind wie bei der Gartenbohne. Die Aussaat ins Freiland erfolgt an Ort und Stelle Anfang Mai, die Reihenentfernung liegt bei 25–35 cm, der Abstand in der Reihe beträgt 5–8 cm, die Saattiefe 4–5 cm, der Saatgutbedarf 80–120 g / 10 m².
Wie die Gartenbohne hat auch die Sojabohne Knöllchenbakterien an den Wurzeln, die Luftstickstoff binden können.
Es ist auch eine Auspflanzung von vorkultivierten Sämlingen aus dem Glashaus möglich.

Ernte

Die Ernte der grünen Bohnen für Gemüse erfolgt ab August, die Ernte der reifen Samen ab Mitte September, nach dem Blattfall.
Ertrag 12–15 kg je 100 m².

Sorten

Für den Anbau in Mitteleuropa kommen nur frühreife Sorten mit 85–100 Kulturtagen in Frage. Aus dem Angebot von über 7000 Sorten: Gieso, Caloria, Fiskeby V.

REZEPTE

Als Gemüse verwendet man die unreifen und die reifen Samen. Die Zubereitung erfolgt wie bei Bohnen und Erbsen. Meist werden junge Sojabohnen mit Zuckermais oder Reis gemischt als Gemüse gegessen. Sojabohnensprosse sind sehr beliebt.
Die reifen Samen haben einen hohen Eiweiß-, Fett-, Vitamin- und Mineralstoffgehalt, sind aber schwer verdaulich. Im rohen Zustand enthalten sie schädliche Stoffe und müssen deshalb zum Abbau der Schadstoffe in Wasser eingeweicht und für 3 Stunden gekocht werden.
Wirtschaftliche Bedeutung haben auch das Sojaöl und die technischen Produkte aus dem Sojaeiweiß.

Sojasprosse
Die Samen werden 12 Stunden eingeweicht und bei 16–18° C in dunklen Räumen aufgestellt und laufend mit warmem Wasser befeuchtet. Nach 5–7 Tagen haben die Keime eine Länge von 3–6 cm.

Spargelbohne *(Vigna unguiculata* Walp. ssp. *sesquipedalis* Verdc.)*

Die Spargelbohne ist eine Hülsenfrucht aus Südostasien und rankt bis 3 m hoch.
Die Hülsen erreichen eine Länge von durchschnittlich 40 cm und einen Durchmesser von 0,8–1,1 cm. Einzelne Hülsen werden im Glashaus bis 1 m lang.

Kultur

Die Spargelbohne ist wärmebedürftiger als die Gartenbohne. Ein Anbau im Freiland ist nur im Weinbauklima möglich. Die Aussaat erfolgt Mitte Mai ins Freiland, besser ist eine Vorkultur im Gewächshaus mit Auspflanzung Mitte Mai. Die Reihenentfernung beträgt 1 m, der Abstand in der Reihe 50 cm. Eine Aufleitung auf Schnüre oder Spaliere ist nötig.

Käferbohne

Limabohne

Puffbohne

Spargelbohne

Anbau im Gewächshaus: Aussaat Mitte März bis Mitte April mit einer Pflanzung Mitte April bis Ende Juli. Die Keimtemperatur liegt bei 20° C. Der Reihenabstand beträgt 1,2 m, der Abstand in der Reihe 50 cm. Der optimale Temperaturbereich liegt bei 25–30° C.

Ernte

Geerntet werden die unreifen Hülsen mit noch nicht ausgereiften Samen.
Die Erträge liegen bei bis 4 kg / m² (Spitzenerträge bis 9,5 kg / m² sind möglich).
Es ist nicht einfach, den am besten geeigneten Zeitpunkt der Ernte festzustellen. Die Länge der Hülsen ist nicht maßgebend. Bestes Anzeichen des Erntetermins ist die Festigkeit der Hülsen. Die Saatkörner dürfen nicht lose in den Hülsen stecken, und die Hülsen darf man nicht leicht eindrücken können. Überreife Hülsen werden hellgrün.

REZEPTE

Die frischen grünen Hülsen werden wie grüne Gartenbohnen zubereitet.

Der Unterschied zur Buschbohne im Nährstoffgehalt je 100 g Rohware

Nährstoffe	Buschbohne	Spargelbohne
Eiweiß	3,0 g	4,2 g
Kalzium	40,0 mg	110,0 mg
Eisen	1,0 mg	4,7 mg
Vitamin A	0,2 mg	2,4 mg
Vitamin C	10,0 mg	35,0 mg

Die ausgereiften Bohnen werden wie Bohnengemüse zubereitet.

Zuckererbse

(*Pisum sativum* L. ssp. *sativum* convar. *axiphium* Alef. emend. C.O. Lehm.)
(*Pisum sativum* L. ssp. *sativum* f. *macrocarpon*)

Die Zuckererbsen unterscheiden sich von den übrigen Erbsen durch das Fehlen der Pigment-Schicht an der Innenseite der Hülsen, so daß man auch die fleischigen Hülsen mitessen kann. Die Heimat der Zuckererbse liegt im östlichen Mittelmeergebiet, in Vorder- und Mittelasien bis Indien.

Kultur

Die Aussaat ins Freiland erfolgt an Ort und Stelle ab Mitte März. Der Reihenabstand beträgt 60 cm, der Abstand in der Reihe 4–6 cm; die Saattiefe liegt bei 4–5 cm. Der Saatgutbedarf beträgt 20–25 g / m². Haben die Pflanzen eine Höhe von 10 cm erreicht, wird angehäufelt. Eine Vorkultur unter Glas mit Verpflanzung ins Freiland ist möglich. Frühe Saaten sollten mit Folie oder Vlies abgedeckt werden. Es ist vorteilhaft, eine Kletterhilfe zu geben, da einzelne Sorten bis zu 2 m hoch werden können.

Ernte

Die Ernte sollte jedoch im jungen Zustand der Erbsen erfolgen.
Sie beginnt ab Anfang Juni. Die Erntemenge liegt bei 6–10 kg / 10 m². Der Bestand muß mehrmals durchgepflückt werden.

Sorten

Zuga, Denise, Nofila, Rheinische Zucker, Edula, Crispi, Sugar Bon, Ambrosia, Sugar Lil.

REZEPTE

Die jungen Hülsen können roh oder gekocht gegessen werden. Die Hülsen ganz oder geschnitten mit etwas Butter, Petersilie, Zucker und Salz dünsten oder die etwas größeren Erbsen enthülsen und wie übrige Erbsen zubereiten.

Zuckererbsen auf englische Art
Die enthülsten Erbsen in Salzwasser kochen (3–4 Minuten), bis sie weich sind; Wasser abschütten, Butter über die Erbsen geben und sobald die Butter geschmolzen ist, servieren.

Zuckererbsen-Salat
Die jungen Zuckererbsen werden in Salatdressing gelegt und angerichtet.

Anmerkung: Knacker-Erbsen (Snap Peas) sind eine amerikanische Züchtung von Zuckererbsen. Die Hülsen sind dicker und werden im Alter nicht zäh. Der Bruch ist knackig wie bei Bohnen, daher auch der Name.
Sorten: Carmini, Carlento, Carnosa (wird bis 2 m hoch).

Blauschalenerbse
(*Pisum sativum* L. *var.* arvense)
Die Erbsenhülse ist violettblau gefärbt. Der Anbau erfolgt wie bei Zuckererbsen, die Verwendung enthülst wie bei normalen Erbsen.

FRUCHTGEMÜSE

Bittergurke *(Momordica charantia L.)*

Die Bittergurke aus der Familie der Kürbisgewächse ist in Indien beheimatet und heute in allen tropischen und subtropischen Gebieten im Anbau. Die reifen Früchte sind 10–40 cm lang, mit einem Durchmesser von 3–8 cm, orangegelb gefärbt mit weißem Fruchtfleisch. Die Früchte brechen am unteren Ende auf und geben die Samen frei, die mit einer leuchtend roten Hülle umgeben sind.

Kultur

Die Aussaat ins Freiland erfolgt direkt oder es wird eine Pflanzung nach Vorkultur im Gewächshaus Anfang bis Mitte Mai vorgenommen. Die Mindesttemperatur für die Keimung liegt bei 14–16° C, das Optimum sind 25–30° C. Der Abstand in der Reihe beträgt 40–50 cm. Die Ranken sollten auf Schnüre, Netze oder Stützgerüste wie bei Schnurgurken aufgeleitet werden. Die Rankenlänge liegt bei 3–4 m. Männliche und weibliche Blüten sind an einer Pflanze.

Ernte

Geerntet werden die unreifen grünen Früchte in einer Länge von 10–16 cm, 2–3 mal je Woche. Die Erträge liegen bei 10–12 Früchten pro Pflanze.

REZEPTE

Die unreifen Früchte, wenn sie noch grün gefärbt sind, werden gekocht, entkernt und zu Fleisch oder Fisch gereicht. Die reifen Früchte sind bitter und werden als Gewürz eingesetzt. Durch das Aufkochen vergeht der bittere Geschmack.
Auch das Einlegen in Salzwasser wird zur Entbitterung praktiziert. Der bittere Geschmack ist auf das Alkaloid Momordicin zurückzuführen.
Junge Früchte, Blätter und junge Sprosse werden ebenso wie Spinat zubereitet.
Von den reifen Früchten wird auch eine rote Farbe für die Lebensmittelindustrie gewonnen.

Eierfrucht *(Solanum melongena L.)*

Die Eierfrucht, auch Aubergine oder Melanzane genannt, aus der Familie der Nacht-schattengewächse, stammt aus Indien und China und kam über Spanien nach Italien und Mitteleuropa. Der erwerbsmäßige Anbau in Holland erfolgte 1975.

Kultur

Ein Freilandanbau ist nur im Weinbauklima und in geschützten Lagen möglich. Die Pflanzung erfolgt Mitte Mai auf schwarzer Mulchfolie. Die Reihenentfernung beträgt 1 m, der Abstand in der Reihe 50 cm. Eine Vlies- oder Folienabdeckung ist vorteilhaft.

Jungpflanzenanzucht

Die Aussaat erfolgt Anfang März bei einer Bodenwärme von 22°–24° C. Für 100 Sämlinge wird 1g Saatgut benötigt. Pikiert wird, nachdem sich die Keimblätter gut entwickelt haben, in 10-cm-Töpfe; diese werden bis zur Pflanzung bei 16° C aufgestellt.

Im Freilandanbau sind Schnittmaßnahmen nicht nötig. Im Folienanbau wird man auf 2 oder 3 Haupttriebe schneiden.

Die Pflanzung in schwach geheizten Gewächshäusern erfolgt im März / April und in ungeheizten Glashäusern Mitte Mai. Eine Aufleitung auf Schnüre oder auf Stäbe ist nötig.

Ernte

Die Ernte setzt Ende Juli ein und endet mit Frostbeginn. Der Ertrag liegt bei 3–4 kg / m². Es wird laufend durchgeerntet.

Sorten

Mini-Eierfrucht: Early Bird, Long Tom.
Weiße Mini-Eierfrucht: Golden Eggs (in der Reife gelb).
Dunkelviolett, rund, oval: Adona, Bonica.
Violett, lang, oval: Blacky.
Schwarz, lang, eiförmig: Baren.
Schwarzviolett, lang, birnförmig: Blacknite.
Dunkelviolett, walzenförmig: Negro.
Schwarzviolett, eiförmig: Sperlings Blacky.
Weiß: Caspar.
Rosa gestreift: Striped.
Dunkelviolett, dünn, bis 16 cm lang : Little Fingers.

REZEPTE

Die Fruchtform, -größe und -farbe weisen eine große Vielfalt auf. Die Früchte sind leicht verdaulich und reich an Mineralstoffen sowie Vitaminen.

Die Früchte werden in der Küche je nach Verwendungsart geschnitten, aber nicht geschält. Roh können sie nicht gegessen werden.

Melanzane (gebraten oder gebacken)

Melanzane werden in 1–2 cm dicke Scheiben geschnitten, etwas gesalzen, mit Zitrone beträufelt, in Mehl gewendet und in heißem Öl auf beiden Seiten oder in Fett schwimmend gebacken. Die Scheiben können aber auch wie bei Fleisch in Ei und Semmelbröseln paniert gebacken werden.

Gut schmecken auch Melanzane-Scheiben, die in Omelettenteig getunkt und herausgebacken werden.

Gefüllte Melanzane

Melanzane werden der Länge nach halbiert, ausgehöhlt und mit einer Fleischmasse gefüllt. In das Fleisch mischt man das kleingeschnittene Melanzane-Fleisch darunter. Man legt diese gefüllten Hälften in eine feuerfeste Form und dünstet mit kleingeschnittenen Zwiebeln, etwas Wasser oder Suppe und schmeckt mit Salz, Thymian und Petersilie ab. Zum Füllen der Melanzane kann auch eine Mischung aus Reis mit Tomaten oder auch Pilzen verwendet werden.

Melanzane mit Gemüse

In Scheiben geschnittene Melanzane zusammen mit geteilten Tomaten, etwas Salz und Zwiebeln in Öl dünsten und mit in Scheiben geschnittenen, gekochten Kartoffeln lagenweise in eine Auflaufform legen und ca. 20–30 Minuten im Rohr überbacken.

Melanzane (italienisch)

Melanzane halbieren und in der Mitte soviel Fruchtfleisch herauslösen, daß etwa eine $^1/_2$ cm dicke Schichte an der Schale bleibt. Das Fruchtfleisch klein zerhacken, Zwiebelwürfel in Öl vordünsten, mit Mehl überstreuen, kurz durchschwitzen lassen und mit Wasser zu einer dicken Sauce verkochen. Kleingewürfelte Leber sowie die Melanzanestückchen hinzufügen und bei kleiner Flamme 3–5 Minuten schmoren lassen. Inzwischen die ausgehöhlten Melanzane in der Pfanne braten, bis das Fleisch gar ist. Anrichten, die Fülle hineingeben und mit Weißbrot oder Reis und Rotwein servieren.

Melanzane-Mussaka

Melanzane in 1 cm dicke Scheiben schneiden, salzen und in Öl goldbraun braten. Feingewürfelte Fleischstücke (oder Faschiertes) mit Zwiebelringen, 1 Glas Wermutwein, Salz, Pfeffer, Muskatnuß, Dost, Petersilie und anderen Gewürzkräutern dünsten. Eine feuerfeste Form mit den Melanzanescheiben auslegen, mit Käse bestreuen, die Fleischmasse darauf verteilen. So fortfahren, bis alle Zutaten verbraucht sind. Zuletzt eine Schicht Tomatenscheiben darüber legen, mit Béchamelsauce übergießen und ca. 60 Minuten im Rohr überbacken.

Erdkirsche *(Physalis peruviana L.)*

Die Erdkirsche ist eine einjährige bis mehrjährige 1,8 m hohe Staude aus der Familie der Nachtschattengewächse und wird heute in Südamerika, Indien, Neuseeland, Java, Australien, Kenia und Kapland angebaut. Die Kultur ist auch in unserem Klima sehr gut möglich. Die Früchte haben einen hohen Vitamin A-Gehalt, beachtliche Mengen Vitamin B 12 sowie Vitamin C und Mineralstoffe wie Kalzium und Eisen.

Kultur

Der Anbau ist im Weinbauklima im Freiland auf Mulchfolie möglich. Die Saat erfolgt Anfang April in geschützter Kultur bei 16–18° C, die Pflanzung ins Freiland geschieht Mitte Mai. Der Reihenabstand beträgt 1 m und der Abstand in der Reihe 50 cm. Auch eine Stecklingsvermehrung im November mit Überwinterung der Jungpflanzen ist möglich, aber nicht empfehlenswert.
Die Pflanzen werden mit Stäben oder einem Spalier gestützt. Je Pflanze beläßt man 4–8 Haupttriebe und entfernt die Seitentriebe. Die Pflanzen werden bis zu 1,5 m hoch.
Die Blüte beginnt Mitte Juli, und die Ernte ist ab Mitte August möglich.

Ernte

Geerntet werden die Beeren, die gelblichorange gefärbt mit einem Durchmesser von 1,5–4 cm und lose von einem aufgeblasenen Fruchtkelch (Lampion) umgeben sind. Bei Reife der Beeren ist der Fruchtkelch hellbraun und eingetrocknet. Reife Beeren fallen ab. Die Ernte dauert bis Frosteinbruch, wobei wöchentlich 1x geerntet wird. Die Erträge liegen bei 1–2 kg / m². Die Beeren sind bei 10–14° C auch gut einige Wochen lagerfähig.
Eine mehrjährige Kultur als Kübelpflanze ist möglich. Dazu schneidet man vor der Einwinterung im Kalthaus die Pflanzen zurück und hält über den Winter Temperaturen von 5–10° C.
Ein Anbau ist auch im Gewächshaus oder Folientunnel möglich.

REZEPTE

Der Geschmack der reifen Früchte ist eine Mischung aus Ananas und Stachelbeere. Sie werden roh oder verarbeitet gegessen. Sie eignen sich auch sehr gut zum Garnieren. Die Früchte lassen sich auch gut einfrieren.
Einige Rezepte aus der Fülle der Einsatzmöglichkeiten:

Eis aus Erdkirschen
150 g Zucker, 5 EL Wasser, 5 EL Weißwein, 300 g Erdkirschen, 1 EL Zitronensaft, 1 Be-

cher (200 g) Süßrahm. Erdkirschen enthülsen und im Zucker-Wasser-Wein-Gemisch leicht aufkochen. Mit Zitronensaft mixen und kalt stellen. Süßrahm schlagen, einrühren und gefrieren lassen.

Kompott
500 g Früchte, $^1/_8$ l Wasser und 100 g Zucker zu einem Kompott kochen (Früchte mit einer Gabel anstechen).

Konfitüre
500 g Früchte mit etwas Wasser kochen, mixen, 500 g Zucker zugeben und 10 Minuten kochen lassen. In Gläser füllen und verschließen. Keinen Gelierzucker verwenden, da die Früchte gut gelieren und die Konfitüre sonst zu hart wird.

Erdkirschen (überbacken)
Die enthülsten Früchte in Teig tauchen und herausbacken.

Nachspeise
Früchte pürieren oder als ganze Früchte mit Topfen, Joghurt oder anderen Früchten zu einem Fruchtsalat mischen. Verwendet man ganze Früchte, so sollten diese mit einer Gabel angestochen werden, damit Zucker in die Frucht gelangen kann.

Erdkirsche als Tortenbelag
Der fertig gebackene Tortenboden wird mit Himbeerkonfitüre bestrichen, mit gestichelten Erdkirschen belegt, gezuckert und 15–20 Minuten überbacken. Danach wird die Torte weiter garniert, z.B. mit Schlagobers.

Bunter Kirschenberg
Speiseeis würfeln, mit Erdkirschen sowie anderen Früchten mischen und garnieren.

Huckleberry *(Solanum nigrum L. var. guineense L.)*

Sie ist ein Nachtschattengewächs, das in Nordamerika im Anbau ist. Die Früchte werden hauptsächlich als Belag für Torten verwendet. Die Pflanzen sind einjährig und wachsen buschig bis ca. 1m hoch. Sie werden auch Sunberry genannt.

Kultur

Die Aussaat erfolgt Ende März in geschützter Kultur, die Auspflanzung ins Freiland Mitte Mai auf schwarze Mulchfolie. Der Reihenabstand beträgt 1,7 m, der Abstand in der Reihe 40–50 cm. 1g sind 1000 Korn. Der Pflanzenbedarf liegt bei 1,2–2 Pflanzen / m². Eine Vermehrung über Stecklinge ist ebenfalls möglich.

Bittergurke

Eierfrucht

Erdkirsche

Huckleberry

Ernte

Die Ernte der schwarzen reifen Beeren erfolgt im September / Oktober. Der Ertrag liegt bei 3–5 kg / m².

REZEPTE

Die Früchte sind unreif grün und reif schwarz gefärbt ca. 1 cm im Durchmesser. Sie finden als Tortenbelag, Kompott und Konfitüre sowie als Lebensmittelfarbe Verwendung. Die unreifen Früchte sind giftig.

Konfitüre
Diese Konfitüre schmeckt sehr gut, und die kleinen Samen wirken nicht störend.

Tortenbelag
Die Beeren mit Zucker sowie etwas Stärkemehl und einer Prise Salz pürieren und eine halbe Stunde stehen lassen. Mit Zitronensaft und einem Stück Butter 20 Minuten dünsten, bis sich die Farbe von Schwarz in Tiefpurpur verwandelt. Diese entstandene Creme als Tortenbelag verwenden.

Kirschtomate

(Lycopersicon esculentum Mill. var. cerasiforme A. Gray und L. pimpinellifolium Mill.)

Bei der Kirschtomate handelt es sich um kleinfrüchtige Sorten und Wildformen.

Kultur

Die Pflanzenanzucht erfolgt in geschützter Kultur mit Aussaat Ende März und Pflanzung ins Freiland Anfang bis Mitte Mai (Bodentemperatur über 15° C). Der Abstand beträgt 60 x 60 cm. Der Saatgutbedarf liegt bei 1g für 200 Pflanzen. Eine Aufleitung auf Schnüre, Stäbe oder Spaliere ist nötig. Die Geiztriebe sind zu entfernen, wenn sie 8–10 cm Länge erreicht haben; die Kirschtomaten werden eintriebig gezogen. Als sehr gut hat sich die Pflanzung in schwarzer Mulchfolie bewährt. Dabei wird zuerst die Folie ausgelegt und die Pflanzen in die angebrachten Schlitze gepflanzt. Bei Busch-Kirschtomaten kann das Aufleiten und Ausgeizen unterbleiben.

Ernte

Die Ernte beginnt Ende Juni / Anfang Juli bis zu den ersten Frösten im Herbst, Ende September / Anfang Oktober. Die Ernte erfolgt 2 x wöchentlich. Die Erntemenge beträgt 4–6 kg / m² bei Freilandanbau.

Sorten

Sweet 100, Evita, Mirabell, Bistro, Cherita, Cherry Belle, Delicado, Phyra, Firefly, Favorita, Wagners Mirabell (gelb), Sungold (goldgelb bis orange).

REZEPTE

Die Kirschtomaten eignen sich besonders gut zum Garnieren von Speisen als ganze Früchte sowie zu Salaten. Eine Konservierung der ganzen Früchte ist ebenfalls möglich. Wie alle Tomaten sind auch die Kirschtomaten reich an Mineralstoffen und Vitaminen. Die Formen und Farben sind vielseitig.

Die Größensortierungen

„fein":	Durchmesser 18–25 mm
„mittel":	Durchmesser 24–30 mm
„groß":	Durchmesser 29–35 mm

Kirschtomaten einlegen

Die Früchte mehrmals mit einem Holzspieß anstechen und mit Zwiebelringen in Gläser schichten. Weinessig mit Wasser, Zucker, Salz, Senf, Pfefferkörnern, Nelken und Einmachhilfe angießen und verschließen.

Anmerkung: Ein Anbau in Töpfen oder Gefäßen für den Balkon ist möglich. Gute Sorten dafür: Patio, Florida Petit, Tiny Tim, Balkonstar, Minibell.

Kiwano *(Cucumis metuliferus E. Mey. ex Schrad.)*

Kiwano oder Hornmelone, aus der Familie der Kürbisgewächse, kommt vorwiegend aus Neuseeland, wächst aber auch in unserem Klima im Freiland überall dort gut, wo Gurken kultiviert werden können. Der Beginn der kommerziellen Pflanzung in Neuseeland erfolgte 1982, die ersten Exporte 1984. Kiwanos blühen und fruchten erst bei Nachttemperaturen über 15° C. Die Heimat der Kiwano sind die Tropengebiete Afrikas.

Kultur

Die Aussaat erfolgt Ende April im Gewächshaus und die Pflanzung ins Freiland nach Mitte Mai auf Mulchfolie. Die Reihenentfernung beträgt 1–2 m, der Abstand in der Reihe 0,4–0,6 m (= ca. 2 Pflanzen je m^2). Ein Aufleiten der Triebe an Schnüren, Netzen oder Spalieren ist zu empfehlen. Kulturmaßnahmen wie bei Gurken. Ab Anfang August sind so die ersten Früchte grün zu ernten. Die Früchte sind 10–14 cm lang und ca. 8 cm im Durchmesser, mit hornartigen Auswüchsen, daher der Name Hornmelone.

Kirschtomate

Kiwano

Luffa-Gurke

Lulo

Ernte

Geerntet werden die Früchte im grünen Zustand. So sind sie längere Zeit lagerbar (bis zu 9 Monaten).

Genußreif sind sie, wenn man sie einige Zeit wärmer stellt, bis sich die Schale gelb bis orange verfärbt. Die Erträge liegen bei 3–4 kg / m² in klimatisch günstigen Lagen.

REZEPTE

Kiwanos sind voll ausgereift, wenn sich die Schale goldorange gefärbt hat und das Fruchtmark dunkelgrün ist.

Die Früchte werden halbiert und mit dem Löffel roh gegessen oder in Stücke geschnitten Fruchtsalaten beigefügt. Vorwiegend werden die Früchte als Dekoration bei kalten Platten und Obstsalaten verwendet.

Kiwano-Creme
1 St. Kiwano, 1 Tasse Joghurt, 1 EL Honig, 2 Kugeln Vanilleeis im Mixer zerteilen und kalt servieren.

Kiwano-Rohkostsalat
Früchte halbieren, zuckern, etwas Zitronensaft zufügen und roh mit dem Löffel aus der Schale essen. Oder die Früchte schälen, würfeln und mit anderen Obstarten mischen.

Kiwano-Erfrischungsgetränk
Fruchtfleisch mixen und Likör zugeben (Basis für diverse Cocktails).

Kiwano-Konfitüre
2 l Fruchtsaft sowie 1 kg Gelierzucker ca. 4 Minuten stark kochen lassen, heiß in Gläser füllen und verschließen.

Luffa-Gurke *(Luffa aegyptiaca Mill.)*

Die Luffa-Gurke, auch Schwammgurke genannt, stammt aus Indien und wurde im Mittelalter in Ägypten kultiviert. Sie ist ein einjähriges Schlinggewächs aus der Familie der Kürbisgewächse und sehr wärmeliebend sowie frostempfindlich.

Kultur

Die Aussaat in geschützter Kultur erfolgt Mitte April bis Mitte Mai, die Pflanzung Ende Mai ins Glashaus oder in einen Folientunnel. Der Reihenabstand beträgt 2 m, der Abstand in der Reihe 1 m. Ein Anbau im Freiland im Weinbauklima auf schwarzer

Mulchfolie ist möglich. Die Ranken, die bis 15 m lang werden können, sollten auf Schnüre oder Spaliere aufgeleitet werden.

Die gelben Blüten sind 5–10 cm im Durchmesser. Kulturmaßnahmen wie bei der Gurke. Die Seitentriebe sind zu schneiden, und es ist darauf zu achten, daß die Früchte frei hängen, damit sie sich gerade entwickeln können.

Ernte

Die Ernte der unreifen grünen Früchte erfolgt zur Verwendung als Gemüse, für Suppen und Saucen. Die reifen Früchte sind dunkelbraun, 50–60 cm lang und dienen verarbeitet als Badeschwamm, Schuheinlagen, Filter u.a.m. Pro Pflanze können 20–25 Stück Früchte geerntet werden.

REZEPTE

Die unreifen glatten, grünen Früchte werden warm als Gemüsebeilage gereicht. Die Früchte werden auch für Suppen und scharfe Saucen verwendet.

Die Blätter werden wie Spinat zubereitet und die Blüten in Omelettenteig (Pfannkuchenteig) herausgebacken. Die reifen Samen können geröstet gegessen werden oder man preßt sie zu Speiseöl.

Die reifen Früchte legt man bis zu 10 Tagen in Wasser und spült die Samen, Schalen und Pulpa mit Wasser aus. Anschließend läßt man das übrig gebliebene Gewebe in der Sonne trocknen und bleichen und verarbeitet es zu Badeschwämmen oder für andere technische Zwecke weiter.

Anmerkung: Die Luffagurke ist auch eine schöne Zimmerschlingpflanze.

Lulo *(Solanum quitoense Lam.)*

Lulo, auch Naranjilla genannt, ist in den Anden beheimatet und wird heute in Ekuador, Peru, Kolumbien und Zentralamerika kultiviert. Die Pflanze wächst mehrjährig in Seehöhen von 800 bis 2000 m bei jährlichen Niederschlagsmengen von mindestens 1500 mm. Lulo verträgt keine Temperaturen über 30° C und auch keine Kälte. Die Früchte sind rund, 3–5 cm im Durchmesser und in der Reife orange bis gelb gefärbt und behaart.

Kultur

Die Pflanzen sind frostempfindlich, eine Kultur in unserem Klima ist nur im Glashaus oder Folientunnel möglich. Die Aussaat erfolgt in Kulturgefäßen mit anschließender Verpflanzung. Der Strauch wird bis zu 2 m groß, mit haarigen Blättern und gelborangen Früchten von der Größe eines Tennisballes.

Ernte

Die Ernte setzt nach ca. 7 bis 8 Monaten Kulturdauer ein. Das ganze Jahr über werden an der Pflanze Früchte ausgebildet. Die Erträge liegen bei 30 kg / Pflanze.

REZEPTE

Die Früchte eignen sich für Fruchtsaft und Erfrischungsgetränke, aber auch für Eis, Gelee, Konfitüre, Kompott und Sorbet.
Der Fruchtsaft ist dunkelgrün. Das Fruchtfleisch würzt vorzüglich Topfen und Joghurt.

Okra *(Abelmoschus esculentus Moench.)*

Es handelt sich dabei um ein Fruchtgemüse aus dem tropischen Afrika, das zur Familie der *Malvaceae* zählt und heute weltweit in den Subtropen, Tropen und gemäßigten Klimaten angebaut wird. Es ist in der Heimat mehrjährig, bei uns jedoch einjährig in Kultur.

Kultur

Die Vorkultur erfolgt im Gewächshaus bei ca. 20° C. Das Saatgut muß in warmem Wasser vorgequellt werden. Eine Auspflanzung ins Freiland ist nur in Weinbaulagen Ende Mai empfehlenswert. Die Mindestbodentemperatur liegt bei 18° C. Eine Abdeckung mit Folie oder Vlies ist nötig. Der Reihenabstand beträgt 60 cm – 1 m, der Abstand in der Reihe 30–60 cm, die Saattiefe 3–4 cm. Der Saatgutbedarf liegt bei 5–6 g für 100 Pflanzen. Beim Anbau im Gewächshaus ist eine Stützung der Pflanzen nötig.

Ernte

Die Ernte der Kapseln erfolgt, solange sie grün und noch saftig sind (ca. 6–10 cm lang) ab Ende August. Dies ist ca. 1 Woche nach Öffnen der Blüte. Geerntet soll 2 x wöchentlich werden, damit die Kapseln nicht holzig und faserig werden. Die Haltbarkeit der Kapseln ist sehr gering (bis zu 3 Tagen im Kühlschrank).

REZEPTE

Die frischen grünen Kapseln werden ganz gekocht und dann geschnitten oder gebraten. Beim Kochen sondern die Früchte einen Schleim ab. Das erste Kochwasser ist daher wegzuschütten oder die rohen Kapseln vor dem Kochen für 5 Minuten in heißes Öl geben und anschließend zu Gemüse dünsten.

Okragemüse
Zum Kochen wird dem Salzwasser ein Schuß Essig zugegeben. Das abgetropfte gekochte Gemüse in Öl oder Butter schwenken und würzen.

Okrasalat
Früchte in Salzwasser kochen, schneiden und auskühlen lassen und wie Salat weiter zubereiten. Gute Salatkombination: Tomate, Paprika oder Zuckermais.

Okra (überbacken)
Nach dem Kochen die Früchte teilen, abtropfen lassen, in Bierteig tunken und in Öl herausbacken.

Okrasuppe oder -sauce
Die gekochten Kapseln in 1 cm lange Stücke schneiden und in die vorbereitete Suppe oder Sauce einmischen.

Anmerkung: Die reifen Pflanzen und Kapseln enthalten Fasern, die zur Herstellung von Papier und Textilien eingesetzt werden. Die Schleimstoffe werden ebenso gelegentlich industriell weiterverarbeitet.

Patisson *(Cucurbita pepo* L. convar. *patissonia* Greb.)

Der Patisson gehört zur Familie der Kürbisgewächse, er besitzt weiße, grüne und gelbe Früchte, flachrund am Rande gewellt, mit einem Durchmesser bis 15 cm.
Der Wuchs ist buschförmig, mit männlichen und weiblichen Blüten an einer Pflanze.

Kultur

Die Aussaat im Freiland erfolgt an Ort und Stelle Mitte Mai in schwarze Mulchfolie. Der Abstand beträgt 1 x 1 m je 2 Korn. Eine Vorkultur der Pflanzen in geschützter Kultur ist möglich. Abdeckung mit Vlies oder Folie ist vorteilhaft.

Ernte

Die Ernte erfolgt ab Anfang Juli und kann 2 mal wöchentlich durchgeführt werden. Die Früchte müssen mit dem Messer abgeschnitten werden. Je Pflanze können bis zu 15 Früchte mit 3–5 kg / m^2 geerntet werden. Unreife kleine Früchte mit einem Durchmesser von 2,5–5 cm werden wie Einlegegurken süß-sauer als Delikatesse eingelegt.

REZEPTE

Die Früchte sollen unreif geerntet werden (Durchmesser bis 15 cm); solange die Schale sich mit dem Fingernagel noch eindrücken läßt, erübrigt sich das Schälen und Entker-

nen. Ältere Früchte sollten jedoch geschält und entkernt werden. Die Früchte in fingerdicke Scheiben schneiden, würzen und in Öl braten oder backen. Auch die Blüten können für verschiedene Zubereitungen in der Küche verwendet werden.

Patisson mit Butter und Bröseln
Patisson in 4 cm dicke Streifen schneiden, in Salzwasser kochen, mit Butter und gerösteten Semmelbröseln bestreuen, mit frischer Kräutermayonnaise anrichten.

Patisson mit Käse
Patisson in Scheiben schneiden, in Salzwasser mit Essig und etwas Zucker weich kochen und abtropfen lassen. Aus Topfen, Rahm und Gewürzen eine feste Creme herstellen und die Patissonscheiben damit bestreichen. Diese mit geriebenem Käse bestreuen, mit Paprika überpudern, Butterflocken darauf verteilen und kurz im Backrohr überbacken.

Patisson nach Müllerart
Patisson in $^1/_2$ cm dicke Scheiben schneiden, mit Salz und Zitronensaft beträufeln und 1 Stunde stehen lassen. Beide Seiten dünsten, mit Sardellenpaste bestreichen, panieren und in heißem Öl herausbacken.

Pepino *(Solanum muricatum Ait.)*

Pepino ist ein mehrjähriges Nachtschattengewächs aus Südamerika, das bis in Höhenlagen von 3000 m gedeiht; es gelangte 1785 nach Frankreich und 1882 in die USA. Heute ist der Anbau in Süd- und Nordamerika, Neuseeland, Australien und Südeuropa verbreitet.

Kultur

Der Anbau erfolgt als Gemüse nur einjährig wie Paprika oder Tomate im Gewächshaus oder im Freiland auf schwarzer Mulchfolie im Weinbauklima. Die Pflanze wächst buschförmig, weshalb man die Seitentriebe ausgeizen muß wie bei der Tomate. Die Vermehrung erfolgt durch Stecklinge oder mit Saatgut. Geschnittene Stecklinge von gesunden Mutterpflanzen, Ende Februar / Anfang März geschnitten, sind Mitte Mai im ungeheizten Gewächshaus oder Folientunnel zu pflanzen. (Im beheizten Gewächshaus und bei Ganzjahreskultur wird Anfang Jänner gepflanzt. Der Temperaturbereich liegt tags bei 18–25° C und nachts bei 10–15° C. Die Abstände in der Reihe betragen 35–75 cm, der Reihenabstand beträgt 75 cm als Doppelreihe und 120 cm zur nächsten Doppelreihe.
Je Pflanze werden 1, 2 oder 3 Triebe auf Schnüren oder Spalieren hochgeleitet, die übrigen Triebe werden entgeizt. Die Kultur ist auch als Buschform möglich, wobei nicht ausgeizt wird. Sie erreichen eine Höhe von 1 m.
Die Pflanzung ins Freiland erfolgt im Mai auf Mulchfolie.

Ernte

Bei Maipflanzung im unbeheizten Folientunnel oder Gewächshaus beginnt die Ernte Mitte Juli; man erntet 5–9 kg Früchte / m^2 bis in den Herbst.

Bei geheizter Ganzjahreskultur mit Pflanzung im Jänner beginnt die Ernte Ende April / Anfang Mai bei einem Ertrag von 12–18 kg / m^2 bis in den Spätherbst.

Reife Früchte haben einen Zuckergehalt von 5–8 %, sind goldorange gefärbt, mit violett-lila Streifen. Die Überwinterung ist möglich bei kühlem Stand (4–10° C), dunkel und trocken, oder man kultiviert bei 20° C durch.

REZEPTE

Die Früchte werden roh gegessen; sie sind sehr gesund (bis 70 mg Vitamin C in 100 g Frischmasse) und schmackhaft. Aber auch Zubereitungen von Kompott oder Marmelade sind möglich.

Die Früchte sind reif, wenn die Schale auf leichten Druck nachgibt. Sie sind 5–10 cm im Durchmesser. Der zarte Duft aus einer Mischung von Melone und Birne kommt am besten zur Geltung, wenn man die Früchte roh ißt. Dazu die Haut abziehen, die Früchte halbieren, die Kerne mit einem Löffel entfernen und das Fruchtfleisch in Würfel schneiden, mit etwas Zitronensaft und Zucker pur essen oder in einen Fruchtsalat mischen, man kann die Fruchtwürfel auch pfeffern und mit Schinken anrichten.

Pepino mit Krabben gefüllt
Früchte halbieren, entkernen und mit Krabben füllen.

Pepino als Nachspeise
Die halbierten und entkernten Früchte etwas aushöhlen, mit Vanilleeis füllen und mit Erdbeersauce oder mit einer anderen Fruchtsauce übergießen.

Anmerkung: Pepino wird auch als Ampelpflanze zur Zierde angepflanzt. Die Blüten und Früchte sind gleichzeitig auf einer Pflanze. Die Sorte „ Pepino Gold" hat ganz besonders schöne Früchte, goldgelb mit Streifen. Für eine Ampel von 10–16 l Inhalt werden 3–5 bewurzelte Stecklinge gepflanzt.

Schlangenhaargurke *(Trichosanthes cucumerina* L.*)*

Die Schlangenhaargurke, ein exotisches Kochgemüse aus der Familie der Kürbisgewächse, kann auch bei uns im Hobby-Gewächshaus kultiviert werden. Die Früchte sind bis 1,5 m lang, 4–10 cm im Durchmesser und schlangenartig verdreht. Die Blüten sind weiß und bizarr dekorativ.

Kultur

Die Aussaat erfolgt im Frühjahr unter Glas. Die Ranken werden bis zu 2 m lang und sind auf Schnüre oder Spaliere aufzuleiten. Die Kultur erfolgt wie bei Schnurgurken. Die Temperaturen sollten in der Nacht nicht unter 20° C sinken. Ein Anbau im Freiland ist nur in den Tropen möglich.

Ernte

Die Ernte ist während einiger Monate möglich. Geerntet werden die Früchte bei 30–70 cm Länge mit einem Gewicht von $^1/_2$ kg bis 1,2 kg.

REZEPTE

Die Schlangenhaargurke ist eines der wichtigsten Kochgemüse Südindiens und belebt mit ihrem Aussehen die Gemüsemärkte Asiens und Afrikas.
Die Früchte sind im Jugendstadium mit ca. 30–70 cm Länge als Kochgemüse eßbar. Sie werden gewürfelt geschnitten, in Salzwasser gekocht, wie Kohlrabi weiter zubereitet und nach Geschmack gewürzt.

Spaghettikürbis *(Cucurbita pepo* L.)

Ein Kürbisgewächs, das in Japan gezüchtet wurde. Die Früchte sind oval, ca. 20–30 cm lang, hellgelb gefärbt.

Kultur

Die Aussaat im Freiland erfolgt an Ort und Stelle Mitte Mai im Abstand von 1 x 1 m je 1–2 Korn. Der Anbau auf schwarzer Mulchfolie und die Abdeckung mit Vlies oder Folie ist vorteilhaft. Auch eine Vorkultur der Pflanzen im Gewächshaus oder Folientunnel mit Pflanzung Mitte Mai ist möglich. Als Gemüse werden die Früchte verwendet, solange sich die Fruchtschale noch leicht mit dem Fingernagel eindrücken läßt. Bei zunehmender Reife verhärtet sich die Schale.

Ernte

Die Ernte beginnt im August und dauert bis Frosteintritt.

REZEPTE

Der ganze Kürbis wird ungeschält ca. 20 bis 30 Minuten im leichten Salzwasser gekocht. Wenn er sich weich anfühlt, wird er herausgenommen und am Ende gekappt.

Mit einem Löffel entfernt man die Kerne und nimmt mit der Gabel das Kürbisfleisch locker heraus, das durch das Kochen in ganz dünne, spaghettiartige Fäden zerfällt, daher auch der Name. Auf verschiedene Art und Weise kann dieser Spaghettikürbis kalt oder warm zubereitet werden.

Spaghettikürbis (überbacken)
Spaghettikürbis wird wie oben geschildert gekocht, danach leicht ausgedrückt und in eine mit Butter und Bröseln bestreute Auflaufform gelegt, mit Parmesan, Kräutern und Butterflocken belegt und im Rohr überbacken.

Spaghettikürbis-Salat
Spaghettikürbis wird wie oben geschildert gekocht, dann kalt gestellt und mit Essig und Öl sowie frischen Kräutern zu einem Salat zubereitet.

Speisekürbis *(Cucurbita pepo L., Cucurbita maxima L., Cucurbita moschata L.)*

Aus Japan und Amerika kommt eine Anzahl von verschiedenartigen Speisekürbissen zu uns. Die Früchte sind von verschiedener Form und verschiedener Farbe; auch das Fruchtfleisch kann verschiedene Farbnuancen von grüngelb bis tieforange haben. Es gibt buschförmig wachsende und rankende Kürbisarten. Man unterscheidet sogenannte Sommerkürbisse, die sofort aus dem Garten in der Küche verwendet werden, und Winterkürbisse, die sich besonders für eine Lagerung über den Winter eignen. Die Sommerkürbisse werden meist im unreifen Zustand geerntet und sind nicht lagerfähig. Die Heimat der Kürbisse ist Amerika, von wo sie nach der Entdeckung des neuen Kontinents nach Europa gekommen sind.

Kultur

Alle Kürbisarten sind wärmeliebend und frostempfindlich. Die Aussaat ins Freiland erfolgt an Ort und Stelle Mitte Mai. Auch eine Vorkultur im geschützten Anbau mit Pflanzung ist möglich. Sehr zu empfehlen ist die Pflanzung in schwarze Mulchfolie; will man früher ernten, wird mit Vlies oder Folie abgedeckt. Der Saatgutbedarf liegt bei ca. 10 g / 100 m². Der Pflanzenabstand bei Buschtypen beträgt 1 x 1 m je 2 Korn und bei rankenden Typen 2 x 1 m je 2 Korn. Eine Aufleitung auf Spaliere oder Schnüre ist vorteilhaft.
Der Kürbis eignet sich auch zur Bepflanzung von Komposthaufen als Beschattung.

Ernte

Die Ernte der Früchte erstreckt sich von Ende Juni bis Anfang Oktober. Wöchentlich sollte 1 x durchgepflückt werden.

Okra

Speisekürbisse

Tamarillo

Schlangenhaargurke

Tomatillo

Sorten

Für Speisezwecke werden vorwiegend folgende Sorten bevorzugt eingesetzt:

„Hokkaido"-Kürbis (= Uchiki Kuri): große, gut lagerfähige runde Früchte mit tief dunkelorangem Fruchtfleisch und hohem Karotingehalt (Durchschnitt 4,6 mg / 100 g Frischsubstanz). Rankend.

„Butter-Nut" und „Early Butter-Nut": mit weichem hellgelbem Fleisch und nußartigem Geschmack; Größe ca. 25-30 cm. Durchschnittliches Gewicht $1–1^1/_2$ kg / Stück. Rankend.

„Gelber Zentner" und „Riesen Melonen": große Früchte (oft bis 30 kg und mehr) mit gelborangem Fruchtfleisch. Rankend.

„Rondini": grüne Früchte, rund, 100-200 g, die unreif geerntet werden. Rankend.

„Steirischer Ölkürbis": *(Cucurbita pepo* L. convar. *citrullina* var. *styriaca):* Die unreifen Früchte werden zur Bereitung von Gemüsegerichten verwendet. Die Samen enthalten Phytosterine (als Heilmittel bei Prostata- und Blasenleiden eingesetzt) sowie viel Vitamin E und Selen. Rankend. Nacktschalig. Die Samen sind dunkelgrün, die Samenschale ist zu einem dünnen Häutchen rückgebildet. Aus den Kernen wird ein hochwertiges Öl zur Salatbereitung hergestellt oder die Kerne werden als Knabberkerne verwendet.

„Delica": grüne Früchte mit weißen Streifen und orangegelbem Fleisch mit süßlichem Geschmack. Rankend.

„Preisgewinner": große runde Früchte mit durchschnittlich 15 kg / Stück, gelboranges Fleisch.

„Musquae de Provence": orangerotes Fruchtfleisch, flachrunde Früchte mit durchschnittlich 7,5 kg / Stück.

REZEPTE

Dank der zahlreichen wertvollen Inhaltsstoffe ist der Kürbis ein sehr gesundes Nahrungsmittel, das auch in der Diätküche und bei Schonkost Verwendung findet.
Die Zubereitung der Kürbisse in der Küche ist vielseitig: Beilagengemüse, Kürbiseintopf, Kürbissuppe, Kürbisauflauf sowie Kompott und Konfitüre.

Kürbis (gefüllt)
Kürbisse werden gekappt, entkernt und ganz – samt der Schale – in Salzwasser leicht gekocht; mit faschiertem Fleisch füllen und servieren. Beim Essen wird nun die Fleischmasse samt dem weichgedünsteten Kürbisfleisch gegessen, daß praktisch nur mehr die Schale übrigbleibt.

Kürbisdessert
Der Kürbis wird gekappt, entkernt und in Weißweinsauce gedünstet. Danach mit

gemischten Früchten gefüllt, mit Schlagobers aufgespritzt und serviert. Auch hier wird das Kürbisfleisch mit den Früchten aus der Schale herausgegessen.

Kürbiskompott
Kürbis in Würfel schneiden, Wasser mit Zucker und Gewürzen (Ingwer, Zitronenschale, Zimt, Nelken) aufkochen, die Kürbisstücke hineingeben und solange kochen, bis sie klar aussehen. Mit Zitronensaft abschmecken.

Essigkürbis
Der Kürbis wird geschält, entkernt, in Stücke geschnitten, aufgekocht und in einem Sieb abtropfen gelassen. Für 1 kg Kürbisstücke rechnet man 500 g Zucker, $1/4$ l Essig, Zitronenschale, Ingwer und Zimt. In dieser Mischung werden die abgetropften Kürbisstücke gekocht, bis sie durchscheinend sind. Anschließend füllt man sie in Gläser ab. Der zurückbleibende Saft wird darüber gegossen und die Gläser zugebunden.

Kürbisgemüse
Fein geschabten Kürbis mit Zwiebelringen, geviertelten Tomaten und Scheiben von grünem Paprika in Öl dünsten, bis er weich ist. Mit Salz, Kümmel, Petersilie, Liebstöckel, Zitronenmelisse, Dost und Pfefferminze nach Geschmack würzen und mit saurem Rahm abschmecken.

Kürbiscremesuppe
Würfelig geschnittene Kürbisstücke zu glasig gedünstetem Zwiebel und Knoblauch hinzugeben und einige Minuten dünsten. Mit süßem Paprikapulver, Kümmel, Lorbeerblatt, Salz, Pfeffer würzen, mit Suppe aufgießen und ca. 15 Minuten wallen lassen. Das Lorbeerblatt entfernen, die Suppe pürieren und mit Kürbiskernen, Kernöl und Schwarzbrotwürfeln anrichten.

Kürbispüree
Kürbis schälen, entkernen, in Stücke schneiden und mit Wasser ca. 15 Minuten zugedeckt dünsten, anschließend pürieren. Butter, Zimt und eine Prise Zucker unterrühren und zu Fleisch oder Wildgerichten anrichten.

Kürbis in Blätterteig
Kürbis würfeln, weichdünsten und mixen. Créme fraîche, Eier, Schinkenstreifen unterrühren. Auflaufform mit Blätterteig belegen, die Kürbismischung einfüllen und im Rohr bei 180° C ca. 30 Minuten backen.

Kürbis (gebacken)
Kürbis in Stücke schneiden, die ganzen Stücke entkernen und nicht schälen, mit Butter beträufeln, würzen, in Folie einwickeln und im Backrohr backen.

Kürbiskuchen

500 g Kürbisfleisch fein raspeln, mit 3 EL Weißwein weichdünsten, ausdrücken und pürieren. 250 g Butter und 250 g Zucker gut schaumig rühren, 1 P. Vanillezucker, etwas Salz, 1 TL Zimt, 4 schaumig gerührte Eier, 500 g Mehl, 1 P. Backpulver und 100 g geröstete, geriebene Kürbiskerne vermischen, zuletzt das Kürbispüree beifügen. In einer befetteten, bemehlten Form bei 180° C ca. 70 Minuten backen.

Süße Kürbiskrapferln

120 g Kürbis fein raspeln, ausdrücken. 1 Ei mit 50 g Zucker, $^1/_2$ P. Vanillezucker, abgeriebener Zitronenschale, etwas Salz schaumig rühren, $^1/_8$ kg Topfen, vorbereiteten Kürbis, 50 g geriebene Haselnüsse, 180 g Mehl und 1 Messerspitze Backpulver unterheben. Daraus mit einem Suppenlöffel Nockerln ausstechen und in Öl goldgelb backen. Nach gutem Abtropfen mit wenig Honig beträufeln, mit Staubzucker bestreuen und mit Birnensauce servieren.

Kürbisblüten

Die Blüten können in Omelettenteig (Pfannkuchenteig) oder Bierteig herausgebacken werden oder sie werden mit Faschiertem gefüllt und in Öl gebraten.

Lagerung der Winterkürbisse

Die Winterkürbisse werden sorgfältig mit Stiel geerntet (abschneiden) und bei 10–12° C und relativer Luftfeuchtigkeit von 60–70 % bis zu 6 Monaten gelagert.

Tamarillo oder Baumtomate *(Cyphomandra betacea [Cav.] Sendt.)*

Die Tamarillo wird in Südamerika, Afrika und Neuseeland kultiviert und gehört zu den Nachtschattengewächsen. Ihre Heimat liegt in Peru. Das Fruchtfleisch ist gelb oder rot gefärbt. Die Früchte sind von braunroter Farbe, eiförmig und 8–10 cm lang.
Den Name Tamarillo erhielt die Baumtomate 1967 von den Neuseeländern, um Verwechslungen mit der Tomate zu verhindern.
100 g Früchte enthalten 31 mg Vitamin C.

Kultur

Der Anbau erfolgt durch Saat und bringt bereits im 2. Jahr Früchte. Die Bäume werden 4–5 m hoch und tragen 6–7 Jahre Früchte (ca. 25 kg je Baum). Auch eine Vermehrung mit Stecklingen ist möglich. Die Baumtomaten stehen den Sommer über in Kübeln im Freien, und die Überwinterung erfolgt in geschützter Kultur frostfrei.

Ernte

Die Ernte der reifen Früchte dauert bis Frostbeginn.

REZEPTE

In der Küche werden die Früchte süß oder pikant zubereitet. Es ist zu empfehlen, die leicht bitteren Schalen abzuziehen. Gelbschalige Sorten sind süßer und haben weichere Kerne.

Verwendung roh zu Salaten oder gekocht zu Gemüse oder Saucen sowie gegrillt als Beilage. Tamarillos können auch zu Gelees, Kompotten oder Konfitüre verarbeitet oder süß-sauer eingelegt werden.

Tamarillo-Konfitüre

500 g Frucht, 500 g Zucker. Früchte mit kochendem Wasser übergießen und die Haut abziehen. In Stücke schneiden, mit der Hälfte des Zuckers bestreuen und stehen lassen. Am nächsten Tag mit dem restlichen Zucker unter ständigem Umrühren mit einem Holzlöffel ca. 20 Minuten kochen.

Tamarillo-Creme

5 St. Tamarillos, 1 EL Zucker, 2 EL Süßrahm. Früchte mit kochendem Wasser übergießen, Haut abziehen und die Früchte mit einem Mixer pürieren. Zucker und Rahm einrühren und kühl servieren.

Tomatillo *(Physalis ixocarpa Brot. ex Hornem)*

Die Tomatillo stammt aus Mittelamerika und gehört zur Familie der Nachtschattengewächse wie die Tomate und Kartoffel. Als Gemüse genutzt werden die runden Beeren, die bis 5 cm im Durchmesser erreichen können und grün bzw. blauviolett gefärbt sowie etwas klebrig sind. Heute werden sie in Mexiko, Guatemala, Indien und Afrika kultiviert.

Kultur

Die Aussaat im Freiland erfolgt im März in geschützter Kultur, danach ist eine Pflanzung ins Freiland (Weinbauklima und geschützte Lagen) Mitte Mai in Mulchfolie möglich. Der Reihenabstand beträgt 60–80 cm, der Abstand in der Reihe 80–100 cm. Die Pflanzen werden bis 1,5 m hoch und sind einjährig. Eine Aufleitung auf Pfähle oder Spalier ist erforderlich, desgleichen müssen Seitentriebe 3. Ordnung ausgeschnitten und die Triebe 1. und 2. Ordnung eingekürzt werden.

Ernte

Die Ernte beginnt 10 Wochen nach der Pflanzung und dauert bis zum Herbst. Die Pflanzen sind frostempfindlich. Die Erträge liegen bei 5–8 kg / m²; die Lagerung reifer

Beeren erfolgt bei 8–10° C ca. 8 Tage, unreifer Beeren ca. 14 Tage. Ein Anbau im Gewächshaus oder Folientunnel ist vorteilhaft, da die Tomatillo wärmeliebend ist.

REZEPTE

In Mexiko wird die Tomatillo wie die Tomate eingesetzt, bei Eintöpfen, Suppen, Saucen und Chilis sowie Fleischgerichten.
Die Früchte haben einen hohen Gehalt an Mineralstoffen und Vitaminen (Vitamin C und B sowie Provitamin A). In Mexiko ist die Grüne Sauce sehr beliebt zu gegrilltem Fleisch.

Grüne Sauce (Tomatillo salsa aus Mexiko)
Tomatillos klein schneiden und zusammen mit einer Hühnersuppe und scharfem Pfefferone 5 Minuten bei schwacher Hitze kochen lassen. Knoblauch dazupressen, durch ein Sieb streichen und abkühlen lassen. Zitronensaft und klein geschnittene, frische Korianderblätter unterrühren; nach Geschmack salzen. Durch die Zugabe von zerdrücktem Fruchtfleisch von Avocado und fein gehackten Zwiebeln wird die Grüne Sauce noch geschmackvoller.

Hilachas (aus Mexiko)
Zwiebel und Knoblauch glasig andünsten, 2 geschnittene Tomaten, $^1/_2$ kg halbierte Tomatillos, Pfefferoni, Pfefferkörner, Petersilie und Suppenkonzentrat dazu dünsten und passieren. Feinnudelig geschnittenes, gekochtes Rindfleisch und in Scheiben geschnittene Kartoffeln in der Sauce erhitzen.

Jocon (aus Mexiko)
Gehackte Zwiebel und 2 grüne Paprika in Öl anbraten, $^1/_2$–$^3/_4$ kg Tomatillos, Petersilie, Knoblauchpulver, Salz und Hühnerteile weich dünsten. Die Hühnerteile herausnehmen, das Gemüse passieren und dann die Hühnerteile wieder einlegen.

Tomatillo-Konfitüre
Tomatillos mit Zucker zu Konfitüre kochen.

Anmerkung: In Kalifornien gibt es auch gelbe Sorten mit süßem Geschmack, die roh gegessen werden können.

Zucchini *(Cucurbita pepo L. convar. giromontiina Greb.)*

Er ist ein buschförmiges Kürbisgewächs, dessen Früchte unreif geerntet als Gemüse verwendet werden. Obwohl der Zucchini mit der Entdeckung Amerikas nach Europa gekommen ist, wurde er wie ein Speisekürbis genutzt, und erst seit den sechziger Jahren werden die Zucchinifrüchte im Jugendstadium mit einer maximalen Länge von 14 cm

geerntet. Einfach in der Kultur, anspruchslos in der Pflege, gedeiht er auch noch dort, wo die Gurke nicht mehr wächst.

Kultur

Zucchini ist wärmeliebend und frostempfindlich. Der Wärmebedarf ist jedoch geringer als bei der Gurke.

Die Aussaat im Freiland erfolgt Mitte Mai; je 2 Korn 3 cm tief in Mulchfolie auslegen. Der Pflanzabstand beträgt 1 x 1 m. Bei Pflanzenanzucht im Gewächshaus erfolgt die Saat Anfang bis Ende April bei 15–18° C, die Pflanzung Mitte Mai. Weitere Pflanzungen sind noch bis 10. Juni möglich. Zur Verfrühung der Ernte ist eine Vlies- oder Folienabdeckung möglich. Haben die Pflanzen 3 Laubblätter, wird auf eine Pflanze je Legestelle vereinzelt.

Ernte

Die Ernte beginnt ab Anfang Juli, wenn die Früchte 7–14 cm Länge erreicht haben. Ausgewachsene Früchte sind 50–60 cm lang und ca. 15 cm im Durchmesser. In diesem Zustand werden die Früchte wie die übrigen Kürbisse in der Küche verwendet. Pro Pflanze können bis zu 30 Früchte geerntet werden. Die Ernte dauert bis Anfang Oktober. Laufende Ernte 2–3 x pro Woche fördert neuen Fruchtansatz.

Sorten

Grüne Früchte: Diamant, Ambassador, Elite, Onyx, Senator, Tormino, Excalibur, President.
Goldgelbe Früchte: Gold Rush, Eldorado.
Anmerkung: Eine züchterische Neuheit sind Kletterzucchini. Sie werden bis zu 4 m lang und benötigen eine Kletterhilfe wie Schnur, Pfahl oder Gitter.
Sorte: Black Forest: Früchte dunkelgrün und leicht gesprenkelt.

REZEPTE

Die Früchte sind dunkelgrün, grünweiß oder gelb gefärbt und werden mit einer Länge von 7–14 cm geerntet. Die Früchte sind kälteempfindlich und nur begrenzt lagerbar (nicht unter 10° C lagern). Die kleinen Früchte (7–14 cm) bleiben ungeschält, die größeren (15–25 cm) werden geschält.

Zucchini (gebacken)
Zucchini in Scheiben schneiden, mit Salz und Pfeffer würzen, in Ei und Mehl wenden und herausbacken oder in Mehl, Ei und Bröseln panieren.

Zucchini (gegrillt)
Knoblauch zerdrücken, in Öl geben und etwas ziehen lassen. Zucchini halbieren, die Schnittseite mit Öl einbinden und mit dieser Seite nach unten auf den Rost legen, bis sie zu bräunen beginnen. Wieder einpinseln, die Schnittseite mit Salz und Pfeffer bestreuen, weiterrösten, bis die Zucchini durch, aber noch fest sind.

Gefüllte Zucchini
Die Früchte können entweder im Ganzen ausgehöhlt werden, oder sie werden halbiert und mit einem Löffel ausgeschabt, um die Füllung durchzuführen. Meist werden hier etwas größere Zucchini verwendet, die aber zu schälen sind. Die Fleischfülle besteht aus faschiertem Fleisch mit Zusätzen und Zwiebeln, Semmeln, Ei, Pfeffer, Salz sowie etwas Fruchtfleisch. Die gefüllten Zucchini in Öl anbraten.

Chourgette-Salat
Die Früchte in 2 cm große Würfel schneiden und mit viel Wasser abschwemmen. In einen Topf schütten und zerquetschte Knoblauchzehen sowie Piment und Öl dazugeben. Zucchini mit Wasser übergießen, bis sie bedeckt sind, und anschließend weich kochen (etwa 30 Minuten). Dann mit Kümmel und Zitronensaft würzen und weiterkochen, bis kaum noch Flüssigkeit vorhanden ist. Erkaltet mit halbierten, fast hartgekochten Eiern und Brot servieren.

Zucchinisuppe
Zucchini in kleine Würfel schneiden und in der Fleischsuppe 3 Minuten kochen. Vor dem Auftragen mit Käse oder Paprika bestreuen.

Zucchinigemüse in weißer Sauce
Zucchini schneiden und in Salzwasser kochen, bis sie gar sind. Mit Créme fraîche aufgießen, würzen und mit Kräutern abschmecken.

Zucchinigemüse
Zucchini in Scheiben schneiden, in Öl andünsten (5 Minuten); geviertelte Tomaten dazugeben, würzen und weitere 5 Minuten bei schwacher Hitze gar dünsten.

Zucchinicremesuppe
Zucchini in Salzwasser kochen, mixen, würzen. Mit Fleischsuppe aufgießen und einmal aufkochen lassen. Mit 1 EL Obers und 1 EL Käse verfeinern.

Zucchiniblüten
Die männlichen Blüten können mit Fleisch, Gemüse oder Süßspeisen gefüllt serviert werden.

Gefüllte Zucchiniblüten
Zucchiniblüten oder Kürbisblüten waschen, den Kelch öffnen und den Stempel im In-

neren der Blüte mit einem Messer abschneiden, daß die Blüte unverletzt bleibt. Zum Füllen verwendet man gedünstetes Gemüse (z.B. Kartoffeln), mit Eigelb noch warm in einem Mixer pürieren, mit Salz, Pfeffer, Basilikum, Majoran und Parmesan würzen und auskühlen lassen. Die abgekühlte Füllung mit einem Dressierbeutel in die Blüten spritzen. Die Blütenblätter wieder überlappen und mit einer leichten Drehbewegung verschließen. Die gefüllten Blüten in eine gebutterte Auflaufform legen, mit Gemüsefond übergießen, mit Alufolie abdecken und im Backofen bei 180° etwa 10 Minuten auf der untersten Schiene garen.

ANDERE GEMÜSEARTEN

Artischocke *(Cynara scolymus L.)*

Die Artischocke ist eine alte Kulturpflanze der Antike, sie ist mehrjährig, wird bis zu 2 m hoch und wird erwerbsmäßig in den Mittelmeerländern, in der Bretagne, Indien, Japan, China und Brasilien angebaut. In unserem Klima ist sie nicht winterhart.

Kultur

Der Anbau erfolgt durch Aussaat oder durch Teilung älterer Pflanzen.

Die Aussaat in geschützter Kultur erfolgt Februar / März, nach 3 Wochen wird in Töpfe pikiert. Die Temperatur auf 18–20° C halten. Die Pflanzung ins Freiland erfolgt Ende Mai im Abstand 1 x 1m. 1 g Saatgut reicht für ca. 15 Pflanzen.

Die zweite Möglichkeit besteht darin, daß im Frühjahr Seitentriebe älterer Stücke abgeschnitten werden und nach der Bewurzelung Ende Mai im Abstand 1 x 1m ins Freiland gepflanzt werden.

Im Oktober werden die abgewelkten Blätter und Blütenstiele über dem Boden abgeschnitten und mit Laub, Stroh oder Torf über den Winter abgedeckt.

Ernte

Die Ernte setzt ab dem nächsten Jahr im Juni / Juli ein und dauert bis September. Geerntet werden ca. 4–6 Knospen je m².

Sorten

Grüne Sorten: Große grüne von Laon, Green Globe u.a.m.
Violette Sorten: Violette Italienische, Französische Violette, Terom u.a.m.

REZEPTE

Geerntet werden die Blütenknospen, bevor die violetten Blütenblätter sichtbar werden.

Gegessen werden der flache Blütenboden und der untere Teil der Kelchblätter. Die Blütenknospen werden knapp über dem Blütenboden abgeschnitten, das obere Drittel der Kelchblätter mit der Schere gestutzt, die seitlichen Blättchen entfernt, die Spitze der Knospe mit einem Messer gekappt und mit einem Löffel die Staubgefäße entfernt.

Gekochte Artischocken
Artischocken in kochendes, gesäuertes Salzwasser legen und dünsten. Sie sind fertig, wenn sich die Blätter leicht herausziehen lassen. Mit verschiedenen Saucen servieren.

Artischocke nach Jägerart
Champignons werden in Salzwasser weichgekocht und gut abgetropft. Die Artischocken werden in Öl und Weißwein weich gedünstet, gewürzt und die abgekühlten und abgetropften Blütenköpfe werden auf Salatblätter gelegt, mit den Champignons gefüllt und mit Paprika gestäubt.

Artischockensalat
Artischocken in Streifen schneiden, mit Tomaten, Paprika, Endiviensalat mischen und wie Salat zubereiten. Es können aber auch Gewürze wie Knollensellerie und kleingeschnittene Rote Rüben beigemischt werden.

Überbackene Artischocken
Die Böden werden in eine gefettete, feuerfeste Form gelegt, mit geriebenem Käse und Butterflocken bedeckt und im Rohr gebacken.

Anmerkung: Die Artischocke wird zu Arzneimitteln gegen Leber-, Gallen- und Blasenerkrankungen verarbeitet. Der Inhaltsstoff Cynarin wirkt blutfettsenkend.

Grünspargel *(Asparagus officinalis* L.)

Der Spargel ist eine mehrjährige frostharte Staude, stammt aus Vorderasien und wurde bis ins Mittelalter als Heilpflanze angebaut. An den Fürstenhöfen und in den Klöstern entdeckte man den Grünspargel als Delikatesse.
Die oberirdischen Pflanzenteile sterben im Herbst ab und treiben im Frühjahr jedes Jahr wieder aus. Eine gute Spargelanlage trägt ca. 15 Jahre. Die Ernte beginnt im 3. Jahr nach der Pflanzung.
Heute wird Grünspargel in Europa, Frankreich, Ungarn, Italien, Deutschland, sowie in den USA, Peru und Kanada angebaut.

Kultur

Die Grünspargelpflanzen werden Ende März bis Anfang April 10–15 cm tief gepflanzt. Der Reihenabstand beträgt 1 m, der Abstand in der Reihe 45 cm. Der Jungpflanzenbedarf liegt bei 25–30 Stück / 10 m². Dabei werden Furchen gezogen und die Pflanzen so eingelegt, daß die Wurzeln strahlenförmig ausgebreitet werden. Danach deckt man mit 5 cm Erde ab. Nach dem Durchtrieb werden die Furchen wieder mit Erde gefüllt. Das Aufziehen von Dämmen wie bei der Bleichspargelkultur entfällt.
Die Ernte sollte erst im 3. Jahr begonnen werden. In den Wartejahren können andere Gemüsekulturen zwischen den Spargelpflanzen kultiviert werden. Es sind dies z.B. Radieschen, Rettich, Salat, Knollenfenchel u.a.m. Im Herbst wird das abgeschnittene Spargelkraut 5 cm über dem Boden abgeschnitten und verbrannt.

Artischocke	*Grünspargel*

Ernte

Die Ernte beginnt im Frühjahr des 3. Jahres. Die Spargelstangen wachsen unter Lichteinfluß heran, bilden daher eine intensive grüne Farbe und werden geerntet, bevor sich die Deckblätter der Spargelköpfe öffnen. Die Stangen sind dann ca. 20 cm lang und werden knapp an der Erdoberfläche geschnitten. Die Ernte erfolgt bis 10. Juni und ab dem 4. Jahr bis zum 24. Juni. Dann werden die Pflanzen kräftig gedüngt und bis zum Herbst durchwachsen gelassen.

Sorten

Spaganiva, Steiners Grünspargel, Mary Washington.
Hybridsorten: Limburgia, Limbras, Lukullus.

REZEPTE

Grünspargel enthält mehr Vitamine und Mineralstoffe als Bleichspargel und schmeckt intensiver und würziger.

Spargel mit zerlassener Butter
Die geputzten Stangen werden in Salzwasser gekocht, in eine Schüssel gelegt, mit brauner Butter und mit Semmelbröseln oder mit einer Buttersauce übergossen.

Spargelsalat
Weichgekochten Spargel legt man in eine Schüssel zum Auskühlen. Die weitere Zubereitung erfolgt wie bei normalem Salat mit Essig, Öl und Gewürzen.

Spargelsuppe
Spargelstangen werden in Stücke geschnitten und in Wasser weichgekocht. Die Suppe kann mit ganzen Spargelstücken serviert oder auch vor dem Anrichten püriert werden.

Spargel mit Schinken
Gekochter, warmer Spargel wird auf Tellern angerichtet, mit Schinkenblättern belegt und mit Mayonnaise verziert.

Grünspargel-Terrine
Grünspargel putzen, schälen, in Wasser mit Butter, Zucker und Salz weich kochen und passieren. Gelatine (eingeweicht und ausgedrückt) darin auflösen, Rahm untermengen, in eine Form gießen und erkalten lassen.

Grünspargelsalat
Grünspargel in 5 cm lange Stücke schneiden und 2 Minuten blanchieren. Paprika (rot oder gelb) in Streifen schneiden. Aus Topfen, Zitronensaft, Schnittlauch, Salz und Pfeffer ein Dressing zubereiten. Zutaten mischen, Dressing unterrühren und sofort servieren.

Spargelauflauf
Spargel schneiden, in Salzwasser kochen, abtropfen lassen und mit Schinkenwürfeln mischen. Mit Béchamelsauce übergießen, mit Semmelbröseln und Käse bestreuen und im Rohr überbacken.

Anmerkung: Als Heilpflanze wurde Grünspargel gegen Anämie, Fettleibigkeit, Formen der Wassersucht, Nasenkatarrh, Herzbeschwerden, ungenügende Harnproduktion, Zahnschmerzen und Steifheit der Glieder verschrieben.

Mini-Speisemais *(Zea mays L.)*

Beim Miniatur-Speisemais handelt es sich um sehr früh geerntete Maiskolben spezieller Sorten. Die Kölbchen sollten eine Länge bis ca. 9 cm haben. Sie werden normal wie Einlegegurken konserviert und vorwiegend als dekorative und appetitanregende Beilage zu kalten Platten oder belegten Broten verwendet.

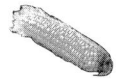

Kultur

Klimabedingungen sind wie bei Mais. Die Aussaat erfolgt Ende April bis Anfang Mai. Der Reihenabstand beträgt 50–60 cm, der Abstand in der Reihe 15–20 cm, die Saattiefe 3–5 cm. Die Saatgutmenge liegt bei 10–12 Korn / m^2.
Es sollen viele kleine Kölbchen geerntet werden, weshalb gleichmäßige Wasserversorgung notwendig ist.

Ernte

Die Ernte setzt Anfang August ein und dauert bis zum Frost im Herbst an.
Man muß laufend sorgfältig ernten, und zwar dann, wenn die Narbenstränge etwa 3 cm aus den Hüllblättern des Kolbens herausragen. Durch die frühe Ernte setzt die Pflanze neue Kolben an, und je Pflanze können 5–6 Kölbchen geerntet werden. Die Kölbchen werden entliescht und sofort konserviert. Der Ertrag liegt bei 1–1,5 kg / 10 m^2 bei 6–8 Erntegängen. 100–120 Stück Kölbchen von 9 cm Länge sind 1kg. Zum Entliesschen der Kölbchen wird je kg ca. eine $^3/_4$ Stunde benötigt.

Sorten

Victory Golden, Harrach 335A, Karin, Gleisdorfer 234, Inra 258.

Rezepte

Die frisch geernteten und entliesschten Kölbchen werden sofort wie Einlegegurken eingemacht oder roh als Dekoration bei kalten Platten und Gerichten verwendet.

Minimais gedünstet
Kölbchen in Salzwasser dünsten, mit Butter abschmalzen und als Garnierung zu gebratenem Rindfleisch geben.

Zuckermais *(Zea mays* L. convar. *saccharata* Koern.)*

Zuckermais ist eine besondere Art von Mais, mit gelben oder weißen Kernen, die in der Milchreife süß schmecken.

Kultur

Fremdbestäubung mit Futtermais muß verhindert werden, daher Abstände von mindestens 300 m zu Futtermais einhalten.
Die Aussaat erfolgt Ende April / Anfang Mai direkt ins Freiland, die Bodentempera-

tur liegt bei 10° C, der Reihenabstand beträgt 50–60 cm, im Abstand in der Reihe von 15–20 cm wird je 1 Korn 3–5 cm tief eingebracht. Ein Anhäufeln für eine bessere Wurzelbildung ist zweckmäßig.

Der Saatgutbedarf liegt bei 12–18 g / 10 m²; für 100 Pflanzen benötigt man 30 g. Abstände 70 x 25 cm = 7 Pflanzen / m².

Eine Vorkultur mit Pflanzung ins Freiland ist möglich und bringt frühere Ernten.

Ernte

Durch gestaffelten Anbau Ende April / Anfang Mai bis Anfang Juni und Vorkultur der Pflanzen ist es möglich, von Mitte Juli bis Ende Oktober zu ernten. Die Ernte erfolgt zur Milchreife der Kerne. Je Pflanze kommen 1–2 Kolben zur Ernte.

Sorten

Man unterscheidet normal süße Sorten, wie z.B. Aztec, Wallaby und Super Star, und doppelt süße Sorten, wie z.B. Early Extra Sweet, Florida Stay Sweet, Sweet Nugget, Candle, Tasty Sweet, Dickson und Paris.

Sorten mit gelb und weiß gemischten Kernen: Silverstar, Starlite.

REZEPTE

Die Ernte erfolgt bei Milchreife der Körner, d.h. bei Fingerdruck muß ein Milchsaft austreten. Die Kolben werden geschält, in Salzwasser gekocht und abgeknabbert. Man kann die Kerne auch mit dem Messer abschneiden und wie Erbsen als Beilage zubereiten oder kalt für gemischte Salate verwenden.

Maiskolben in Folie
Die frischen Maiskolben entblättern, enthaaren und waschen. Butter mit Senf, Salz, Pfeffer und Petersilie verrühren. Die Kolben in Alufolie legen und mit der Buttermischung bestreichen. Alufolie zusammenschlagen und die Maiskolben bei 225° C im Backrohr ca. 20 Minuten backen. In der Folie servieren.

Mexiko-Salat
Die entlieschten Maiskolben 15 Minuten in Wasser kochen. Die Körner mit dem Messer herunterschneiden. Roten und grünen Paprika in Streifen schneiden. Tomaten würfeln und gekochte abgetropfte Bohnen (Red Kidney) in eine Schüssel geben, alle Zutaten mit einer Marinade übergießen und ca. 20 Minuten ziehen lassen.

BEZUGSQUELLEN

Austrosaat AG, Oberlaaerstraße 279, Postfach 40, A-1232 Wien.
Bornträger und Schlemmer OHG, D-67591 Offstein/ Worms.
Carl Sperling und Co., Postfach 2640, D-21316 Lüneburg.
Hild-Samen, Postfach 1161, D-71672 Marbach/ Neckar.
Peter Pik, Zonen Postbus 95, NL-8440 ab Heerenveen.
Rijk Zwaan, Werler Straße 1, D-59514 Welver.
Royal Sluis Ges.m.b.H., Postfach 1426, D-31522 Neustadt.
S & G, Sandoz Seeds, Alte Reeserstraße 95, D-47533 Kleve-Kellen.
S & G, Samen Ges.m.b.H., Linzerstraße 14, A-4070 Eferding.
Samen Mauser AG, Postfach 67, CH-8404 Winterthur.
Samen Vatter AG, Sägestraße 65, CH-3098 Köniz.
Suffolk Herbs Sawyer Farm, Suffolk CO10 ONY, GB Little Cornard, Sudburry.
Takii Europa B. V., Hoofdweg 19, NL-1424 PC De Kwakel.
Thompson und Morgan, GB Ipswich Suffolk IP2 OBA.
Wagner Julius und Co., Postfach 105880, D-69048 Heidelberg.
Willemse Versand, Postfach 280, A-5020 Salzburg.

LITERATURVERZEICHNIS

ABC der Gemüseraritäten. Fachgruppe Gemüse im Bundesausschuß Obst und Gemüse, Freising-Weihenstephan, 1973.

BECKER-DILLINGEN, J.: Handbuch des gesamten Gemüsebaues. Verlag Paul Parey, Berlin und Hamburg, 6. Auflage 1956.

BRÜCHER, H.: Tropische Nutzpflanzen. Springer Verlag, Berlin, Heidelberg, New York, 1977.

BRUCK, D. L.: Exotische Früchte und Gemüse selbst gezogen. Südwest Verlag, 1986.

BUISHAND, T., HOUWING, H.P., JANSEN, K.: Groenten uit alle windstreken. Het Spectrum, Utrecht, 1986.

COLDITZ, G.: Exotisches Obst und Gemüse für die Küche. Verlag Eugen Ulmer, Stuttgart, 1995.

DÄHNCKE, R. M., DÄHNCKE, S. M.: Schlemmereien aus Wald und Wiese. AT Verlag, Aarau, 1979.

FRITZ, D., STOLZ, W.: Gemüsebau. Verlag Eugen Ulmer, Stuttgart, 9. Auflage, 1989.

HELM, E. M.: Feld- Wald- und Wiesenkochbuch. Kochbuchverlag Heimeran, 1978.

IGA-Ratgeber: Produktion von Gemüsearten zur Erweiterung des Gemüsesortiments. Erfurt, 1978.

JANTRA, H.: Bärlauch, Feige, Süßkartoffel. Verlag Franckh-Kosmos, Stuttgart, 1994.

KELLER, F., LÜTHI, J., RÖTHLISBERGER, K.: Gemüsearten. Verlag Landwirtschaftliche Lehrmittelzentrale, Zollikofen, 1996.

KELLERMANN, M.: Exotische Früchte. BLV Verlagsges., München, 1990.

KIEL M., WIEDEMANN, K.: Kürbis, Mangold und Co. Verlag Gräfe und Unzer, München, 1996.

KRANZ, B.: Exotische Früchte und Gemüse. Südwest Verlag, München, 1969.

KRANZ, B.: Das große Buch der Früchte. Südwest Verlag, München, 2. Auflage, 1988.

KRUG, H.: Gemüseproduktion. Verlag Paul Parey, Berlin und Hamburg, 1. Auflage, 1986, 2. Auflage, 1991.

LANG, R.-M.: Feine und seltene Gemüse. Verlag Eugen Ulmer, Stuttgart, 1986.

LIEBSTER, G.: Warenkunde Obst und Gemüse. Band 2 – Gemüse. Morion Verlagsproduktion, Düsseldorf, 1990.

LUCAS, E.: Der Gemüsebau. Verlag J. B. Metzler'sche Buchhandlung, Stuttgart, 1871.

MORAVEC, J., KOTT, L.: Pestovani a pouziti. Prag, 1989.

MÜLLERS, L.: Gemüsebau. Verlag Heinrich Killinger, Nordhausen am Harz, 1937.

NILLER, E.: Der große und der kleine Gemüsegarten. Verlag Paul Parey, Berlin und Hamburg, 1990.

OETKER, Dr.: Exotisches Gemüse. Ceres Verlag Oetker, 1986.

PHILLIPS, R., RIX, M.: Gemüse in Garten und Natur. Verlag Droemer, München, 1994.

RECKE, G.v.d.: Köstliche Gemüsemahlzeiten. Verlag Gräfe und Unzer, München, 3. Auflage, 1989.

REITH, H., HUBERT, W.: Exotisches Obst und Gemüse. Internationale Fruchtimport Ges.m.b.H., Weichert und Co., Hamburg, 1995.

REHM, S., ESPIG, G.: Die Kulturpflanzen der Tropen und Subtropen. Verlag Eugen Ulmer, Stuttgart, 2. Auflage, 1984.

SCHAEFFER, L.: Gemüsekochbuch. Verlag Wilhelm Ennsthaler, Steyr, 1985.

STEIN, S.: Gemüse aus Großmutters Garten. BLV Verlagsges., München, Wien, Zürich, 1989.

VOGEL, G.: Handbuch des speziellen Gemüsebaues. Verlag Eugen Ulmer, Stuttgart, 1996.

Aus unserem Programm:

ISBN 3-7020-0788-1

Kulmer/Weber

KÜRBISSE
in Küche und Garten

128 Seiten, zahlreiche farbige Abbildungen, farbiger griffester Umschlag, brosch.

In ihren vielfältigen Formen erfreuen sich Kürbisse – weltweit eine der wichtigsten Gemüsearten – auch in unseren Breiten immer größerer Beliebtheit: in der Küche, als Speiseöl aus Kürbiskernen, die auch zum Knabbern hervorragend geeignet sind, sowie als Zierkürbisse. – In diesem Buch finden Sie nicht nur alles über Anbau, Ernte, Verarbeitung, Nähr- und Gesundheitswert der jeweiligen Speise- und Ölkürbisarten – mehr als 100 Rezepte werden Ihnen beweisen, daß sich aus ihnen köstliche Suppen, Hauptspeisen, Salate, Kuchen, Torten sowie das herzhafte Kürbiskernbrot bereiten lassen. Was also hindert Sie noch daran, Ihren Gaumen und Ihr Auge zu verwöhnen?

ISBN 3-7020-0659-1

Maria Mader

DER HAUSGARTEN

206 Seiten, über 100 Abbildungen farbig und schwarzweiß sowie Graphiken, brosch.

Wer möchte nicht einen schönen und ertragreichen Hausgarten sein eigen nennen? Dieses Praxisbuch beweist, daß oft nur wenig Zeit und finanzielle Mittel erforderlich sind, damit vor allem Frischgemüse das ganze Jahr über zur Verfügung steht. Aber auch die Kultur von Würz- und Heilkräutern, Beerenobst, Garten-, Balkon- und Zimmerpflanzen, Blütensträuchern und Rasen wird hier ebenso eingehend erörtert wie Fragen des Anbaus, der Düngung und des biologischen Pflanzenschutzes. Ein Kalender am Schluß des Buches gibt Monat für Monat genaue Anweisungen, was im Hausgarten zu tun ist, und läßt die Arbeit darin zum reinen Vergnügen werden.

Aus unserem Programm:

ISBN 3-7020-0666-4

Annemarie Hartleb / Anna Kohlhofer / Elfriede Payr / Anny Pieber / Andrea Starkbaum

ZEITGEMÄSSER GARTENBAU

194 Seiten mit über 200 Farbfotos und 130 farbigen Graphiken und Zeichnungen, vierfarbiger, broschierter Umschlag, biolackiert

Den eigenen Garten selber zu gestalten, Gemüse anzubauen, sich an der Schönheit der vielfältigsten Blumen und Ziersträucher zu erfreuen, der Phantasie breitesten Spielraum zu geben und, in Mußestunden, ganz selbst sein zu können, bedeutet für viele von uns die Erfüllung langgehegter Wünsche.
Dieses Buch, von Praktikern für Anfänger wie für Praktiker geschrieben, bringt in den Kapiteln

Gartenplanung / Boden / Pflanzenaufbau und -ernährung / Düngung / Anbauplanung / Saat und Pflanzung / Pflanzenschutz / Ernte und Lagerung / Gemüsebau / Würz- und Heilkräuter / Beerenzucht / Zierpflanzen / Rasen / Gartengestaltung / Ortsverschönerung

alles, was mit „dem eigenen Stück Erde" von Bedeutung ist. Praktische Beispiele, Tabellen für Anbau- und Saattermine bzw. für die Verträglichkeit von Kulturen zueinander, ausgezeichnetes farbiges Bildmaterial sowie graphische Darstellungen lassen das Gärtnern mit diesem Buch zum Vergnügen werden.

ISBN 3-7020-0524-4

Helmut Pelzmann

KIWI-KULTUR

92 Seiten mit zahlreichen Fotos und Skizzen illustriert, 4 Farbbildseiten, brosch.

Das Buch informiert über den Anbau der Kiwi, Pflanzung, Pflegemaßnahmen bis zur Ernte der Früchte.

**Bestellen Sie unverbindlich und kostenlos unser Gesamtverzeichnis:
A-8011 Graz, Hofgasse 5, Postfach 438, Telefon 0 316/82 16 36**